华夏英才基金学术文库

中石访谈

黄殿琴 ◎ 著

北京电视台《7日7频道》制片人黄殿琴女士
与著名书法家欧阳中石先生的访谈录

全国百佳出版社
中央编译出版社
Central Compilation & Translation Press

图书在版编目（CIP）数据

中石访谈 / 黄殿琴著. — 北京：中央编译出版社，2011.11
ISBN 978-7-5117-1116-8

Ⅰ. ①中…
Ⅱ. ①黄…
Ⅲ. ①欧阳中石 – 访问记
Ⅳ. ① K825.72

中国版本图书馆 CIP 数据核字 (2011) 第 232053 号

中石访谈

出 版 人	和　龑
责任编辑	邓　彤
责任印制	尹　珺
出版发行	中央编译出版社
地　　址	北京西城区车公庄大街乙 5 号鸿儒大厦 B 座（100044）
电　　话	（010）52612345（总编室）　（010）52612361（编辑室）
	（010）66161011（团购部）　（010）52612332（网络销售）
	（010）66130345（发行部）　（010）66509618（读者服务部）
网　　址	www.cctpbook.com
经　　销	全国新华书店
印　　刷	北京国邦印刷有限责任公司
开　　本	787 毫米 ×960 毫米　1/16
字　　数	154 千字
印　　张	13.25
版　　次	2011 年 11 月第 1 版第 1 次印刷
定　　价	58.00 元

本社常年法律顾问：北京大成律师事务所首席顾问律师　鲁哈达
凡有印装质量问题，本社负责调换，电话：(010)66509618

代序

智者如圣

张同吾

我不断审视自己，资质一般而命运却好，在人生路上总遇高人薰陶或是贵人相助。在我的人生历程中，有过21年教师生涯，其中8年是在北京通县师范学校度过的。这是一所具有悠久历史和优秀传统的学校，迄今已历经百年沧桑，一代宗师王国维在民国初年曾在这里任国文教师；建国后第一任高教部部长杨秀峰曾任历史教师；著名作家从维熙、房树民于五十年代在这里就读。最近即将出版一本纪念文集《百年通师》，约请欧阳中石和我为之题辞，我以欢愉的心情忆起种种往事，写道："百年名校百年功，总有琴韵伴书声。每忆执教台前事，春花春雨识春风。"在通师度过的岁月里，对我的人生命运产生过深刻影响的那便是欧阳中石先生，他的智者眼光和仁者情怀都不寻常，终生与之交往，也终生感到温馨。

今日欧阳中石已被誉为国宝级书法大师、京剧艺术大师和逻辑学大家，可谓名声遐迩，为全国文化界所瞩目。大约五、六年前我与妻子去看望他，恰巧遇到中央办公厅的工作人员送来一叠照片，其中一张琴师专注地拉着京胡，中石先生的神情，都融入《空城记》的情境之中，虽未上妆，却已有诸葛亮羽扇纶巾、谈笑自若的风采。去年春节前夕，中央电视台播放了政治局常委李长春同志受胡锦涛总书记委托去看望中石先生的报道，他与夫人张茞京都刚过80岁寿辰，头发虽已斑白，却是精神矍铄、笑容可掬、满面春风。

46年前，我曾与中石先生相识，并且同台执教，以后一直与之交往，从而受益良多。我1962年毕业后派往北京通县师范东校教三年级语文，通师东校的原址是通县女师，在运河之畔，燃灯佛塔的近旁，穿过几条宁静的街巷，便是幽深的院落，松墙、回廊、树丛和一排排的教室、会议室、宿舍，以及有400米环型跑道的操场，都能显现当年的规模。校牌"通县师范学校"出于大书法家谢无量之手，朴拙而见风骨。一年之后，这里划归通县三中，我们迁入中山街的西校，校牌改为"北京通县师范学校"，由我出面请郭沫若题写，前几日我与郭沫若的女儿郭平英聊天时，对她说起当我还是戴红领巾的少年，出于对郭老的崇拜，经常徘徊在她家门前，以期向郭老求教诗的奥秘，那时她家住西四南大街大院胡同，而并非今日的后海前街的"郭沫若故居"。正是那时的登门拜访，方有十年后相求为之题写校名的机缘。

居住在通师东校这所幽静的庭院中，感到悠然怡然，我的性格既有严肃认真的一面，又有放达无羁的一面，何况在我心灵深处意识到，随着教师生涯的开始，便意味着文学之梦的破灭，因而更显现出我行我素，所谓备课仅仅是看看课文而从不写教案，上课时海阔天空侃侃而谈，这种做派为规范的教学秩序所不容，何况我曾戏言："在这所学校里我只认识乒乓球室和总务处。"在汇报成风的年月放个屁都会有人告诉领导，一位好心的教导主任曾问我是否讲过这话，我说，"是啊，打球为健身，到总务处是领工资，这不为怪，我若天天跑校长室才不正常哩！"他只是一笑置之，并告诫我别那么散漫，"书记和校长对你印象不好，要把课讲好，改变领导的印象。"过了不久，领导为了考察一下我们这批刚毕业的年轻教师的教学水平，要求每人讲一次公开课，我讲毛泽东的《改造我们的学习》，语文组全体教师来听课，校领导们也在。这种论说文很难讲，缺乏抒情意味，不能显现我之所长，我只能突出诠释论说文的论理性和逻辑性。课后，教研组长韩信农告诉我，当时刚讲十分钟，他便感到"不同凡响"，写了个纸条传给欧阳中石老师，上面写了四个字"此人不凡"，中石会意地点点头。当时中石先生在通师西校教语文和书法，东西两校相隔四五里，虽然同属一个语文教研组，开学月余始得与之相晤。但从我来校报到之日起，便闻这位传奇式的人物，4岁学习书法，熟临汉隶魏碑三王，融百家之长形成了自己独特的风格，既雄浑劲健又潇洒飘逸。他读初中时拜于"四大须生"之一奚啸伯门下，嗣后便成为奚先生的入室弟子和传人。稍懂京剧艺术的无人不知，在我国现代京剧舞台上有梅、尚、程、荀"四大名旦"，同时有马（连良）、谭（富英）、杨（宝森）、奚（啸伯）"四大须生"构成京剧史上一代鼎盛。其中奚派唱腔以委婉细腻、清闲儒雅著称，我想既然中石先生如此造诣高深，一定高傲不群，没想到这次得瞻尊颜，竟然如此平实谦和，他中等身材不胖不瘦，动作灵敏。正值中秋十月，他穿一件中式深色外衣，戴一副黑边眼镜更显得平淡无奇，下课后他对我说："张老师的课讲得真好，受益匪浅。"他长我11岁，却称我老师又呈由衷诚恳之状，给我第一印象，此公道行深矣，的确超凡。

　　这等超凡人物，为何沦落到京郊一所师范学校教书？那是个很特殊的年代，1954年中石先生毕业于北京大学哲学系，是哲学泰斗金岳霖教授的高足，毕业时欲留校任教，由于出身自富庶人家则罪莫大焉，只能发配到河北省一所农村中学任教，语文、数学、体育、写字一身数任。这真是一段荒诞的历史，中外古今所罕见，以出身贫富论好人坏人，自称祖宗三代都是一贫如洗,从小我跟我妈去要饭,就可以腰杆挺直、风光无限,凡是"出身不好"的必将小心谨慎、低眉顺眼。中石教了两年村学,因在京有年迈的母亲需要照料,反复申请调到离北京市最近的"河北省通县师范学校"任教,1958年通县划归北京市,遂改为"北京通县师范学校"。当时我虽年轻,少谙时世,但也能理解像他这样有才华的人在一个城镇教书,必然更加引人注目而难以生存。相识之后,只觉他待人是极其谦和,甚至有些木讷,不论什么人在什么场合同他交谈,他都是恭而敬之洗耳聆听,有时频频点头表示心领神会,有时从惊诧到欣喜表示顿开茅塞,有时木然呆痴,表示难以理解。那时向他索字,都是有求必应,甭管是做饭的师傅,赶车的把式,您要字说一声,他就会送上门去,至于您是用来糊窗户还是生炉子,他是从不在意的。与其说他健谈,莫如说他话多,凡是文学掌故艺坛轶事他能说得绘声绘色妙趣横生,凡对大事——国事政事校事人事,则一律不知,一律不懂,或怔怔地听着,或提一两个不着边际的问题。因其糊涂人们只能同他谈闲话说笑话,不愿跟他谈正经事了。

许多人都喜欢郑板桥的名句:"难得糊涂",而真正做到"糊涂"的人太少了,太多的人是聪明外露,甚至并不聪明却也自我感觉良好,每遇某种机缘,就不可按捺地显露。我曾对中石先生说:"您真修炼到家了,难得糊涂。"他听后如同刘备在"煮酒论英雄"那样佯装大惊失色,忙说:"哪里,哪里,您谬爱了,我是真糊涂,其实郑板桥说的不对,人世间是'难得明白',做明白人洞明世事,多么令人艳羡啊!"中石的糊涂,还表现在他每次发言都表达不清。他是逻辑学家,著有《开拓智力的逻辑》、《教学中的逻辑》,一部浩繁的《中国逻辑史》自隋至明的部分均是由他撰写的,可是他说话很少合乎逻辑,会上发言一向是支支吾吾不知所云。如果想总结其"反动言论",

也便无法归纳其中的意思了。当然,也有个别时候他是说得清话的,而且表现出缜密的逻辑思维。文化大革命一开始,有一张大字报说他思想反动,因为中石者乃中正与介石之合也,因而勒令他更名。我去逗他:"欧阳老师,改名儿不?""不能改。"他回答得坚决。"顽固不化?""不,一改就说明人家说对了。"虽然他仍嬉笑着,终于说了一句明白话。

中石先生与我是球友,都是"通师教师篮球队的主力",他身高1.6米,篮球打得出神入化炉火纯青,在北大读书时有个"高人队"是正式校队,还有"矮人队"同样赫赫有名,而他是"矮人队"中锋。他打乒乓球是横握球拍,左右开弓,上下翻飞,与我较量互为伯仲,说得夸张一点,当年我的球技近似专业水平,曾与姜永宁(庄则栋之前的全国男子单打冠军)比赛,我以16:21和17:21败北,他没认真,但也没敷衍。我与中石等人组成乒乓球队,打败全县无敌手。只有打球的时候他是轻松的,忘却尘世烦恼,忘却人世凶险,进入酣畅淋漓之状。几乎每天中午我都与他鏖战,有一次我下午有课,放下球拍赶赴教室,竟然想起课文中尚有两个字我不认识,急忙请教中石,他瞬时一怔,说:"真对不起,我也不认识。"这时他是从球场还原回社会的欧阳中石,他何尝不知"救场如救火",但他必须保持格外谦虚谨慎之状!表示出:连您都不认识的字,我岂敢认识!

在相处经年的耳鬓厮磨中,他渐渐了解了我的为人,"是挚诚坦率而非城府深邃的人,是晴天雨日都可以信赖而非在困难的日子便抛开朋友的人。人生道路漫长曲折,走在路上有这样的朋友作伴,会生发勇气和力量"(阿红:《序张同吾〈诗的审美与技巧〉》),他同我交流便松驰多了,也常讲许多文史大师的掌故趣事,也向我坦露在他"糊涂"遮掩下的明彻和智慧。他实为聪明绝顶的人,少时是靠听唱片学会了奚派京剧《失空斩》、《李陵碑》、《宝莲灯》、《哭灵牌》、《白帝城》、《坐楼杀妻》等多种剧目,后经奚先生耳提面命、薰陶指点,达到声情并茂惟妙惟肖。他告诉我:"只有大演员,才能演大人物。"大演员,绝非只是技艺精湛,首先要有很深厚的文化底蕴、开阔的精神视野和深刻的历史感悟,才能走进历史、走进政治、走进人生遥渺而又真切的世界。我曾看过中石先生在舞台上以传神的气质和风骨,再现了刘备和诸葛亮的形象,在一颦一促之间,在举手投足之间,我看到一个更真实、更丰富的欧阳中石。

中石先生十分简朴,年轻时几乎没有穿过较好质地的衣服,粗茶淡饭,时至今日只要有红薯上桌,他便目不斜倾了。当年我曾怀疑这是一种自我保护,以示平民意识,看来也是一种本色。他同时又是十分达观的,在"文革"中后期通县师范解散,全校教师被轰到"五七"干校劳动,那是1970年2月20日,天上飘着雪花,天冷心更冷,我们被装上卡车送往河北省三河县的农村,所谓"干校"是在前不着村后不着甸的一片沙土地上,盖起了几排平房。每20人一间房,上下两层大连铺,10个年轻人睡上铺。背井离乡前程茫茫,当夜无人入睡,即将天亮时分只听一声闷响,然后就是细碎而匆忙的脚步声,更添几分恐怖。起床之后便听说,有个被打成"反革命"的知识分子终不能忍受拷打和凌辱,想跳楼自杀又无楼可跳,想喝毒药又无药可喝,便趁人不备爬上旗杆,头朝下一跳而获解脱。"干校"的管理者派人将死者用草席一卷暂放牲口棚内。我们这些新来的干校学员(亦称"五七"战士),经两天沉闷整顿,认识劳动锻炼对于脱胎换骨思想改造的重大意义之后便开始劳动了,有的去挖水渠,有的去上山搬石头,有的去铡草,有的去掏粪炕,五花八门,我被分派一种特殊的工种:刚刚骟了一头驴,兽医怕它的伤口受到感染,在五天五夜之内不能让它躺卧,白天派通师一位年长的副校长去拉着它遛，夜晚派我在牲口棚内去看着这头驴。北风呼啸，一盏昏暗的电灯在风中摇晃，我坐在一个破木凳上看着这头公驴。这时那具自杀的尸体已经运走，我仍不敢看那个曾停放他的角落，可是稍有一点气息，我还是向那个黑暗的角落窥望一眼，我觉得我的头发都竖起来了。好不容易熬到天亮，去排队吃早饭时我与中石先生相遇，他的眼神含着深沉的关切，转瞬之间又变得轻松，笑着对我说："你责任重大，十分光荣。"我却苦笑，你还有心开玩笑！

十年凄风苦雨终于结束，我们共同迎来一个崭新时代的早晨，在80年代初我和中石先生都先后离开通县，我先在高校中文系主讲中国现代文学，后又调入中国作家协会，专事诗歌创作的宏观研究。中石先生在首都师大创建了中国书法研究所，亲任所长（后改为中国书法研究院，亲任院长）。该所设立博士学位，他是我国第一位书法博士生导师，文化界、新闻界用惊异的目光关注这位传奇式的学者是怎样将才华纵横的书法家、技艺精湛的京剧艺术家、学识渊博的戏剧理论家和独有建树的逻辑学家集于一身的。内地和港台报刊对他的报道连篇累牍，其书法润格一字万金，仍然求者若渴，他以各种方式闭门谢客，仍无法阻塞景仰之情，于是名山大川刻石刻碑，楼阁亭榭艺苑名园楹联题签，我相信真是"文章身后事，千秋万岁名"了。

中石先生的古典诗词功底深厚，律诗和散曲都写得不仅工稳而且富有情韵。他曾亲书述怀诗三首赠我，第一首是"江河日夜流无益／涸旱积年浪自翻／大度天心宽似海／浑将得失等闲看。"这是他的人格精神的外化，从中也看到哲人的深邃和冷峻。这时他的书体也有嬗变，虽仍神彩飘逸、却融篆、隶、行、草于一炉，魏碑韵味更加明显，体势雄健、刚柔相济、变幻无穷。我感叹，是一个清明而宽松的时代，开掘了他的才华的潜能，让他的艺术生命飞腾!

中石先生是个多情重义的人,尤对至交更是倍加珍惜友情。80年代中期他住在东四南前拐棒胡同,与我家咫尺相隔,偶有余暇便去同他聊天,他几次说待清静时好好为我写个条幅,可是他家总是车水马龙、宾客盈室。有一天傍晚难得清静,要赠我一个四尺条幅,正铺开宣纸有待挥毫之倾,他的夫人张茝京从内室走出,问他给谁写字,我说是给我的,她笑问:"交润笔费,四尺两万元,我不赊张!"我说:"一手交钱一手交字,写完就给!"说罢三人哈哈大笑。中石先生叼着烟(后来戒烟了),右手持笔左手扶案,仰目思忖片刻,便写了12个大字:"行止无愧天地,褒贬自有春秋",题跋为"庚年岁末书奉同吾弟雅念"。我挺感动,对他说:"人之操守您写尽了,我之情愫您写尽了,知我者欧公也!"说罢,又是大笑。

中石先生多情重义,中国文化的精髓几乎融入他的血液之中。自从他成为奚啸伯的入室弟子,几十年间师徒感情笃厚、亲密无间,且二人性情相投,于功名利禄都很淡泊,最大乐趣便是沿着蜿蜒山径去攀登艺术的峰峦。"文革"十年,师徒二人身居异地都入"牛棚"深受磨难,鱼雁中断,相思之情难以掩抑。1976年欧阳中石便悄悄地到石家庄看望师父,10年相别恍若隔世,奚啸伯昔日风采已荡然无存,站在他面前的是位骨瘦如柴的老人。这次见面真是聚也依依别也依依,告别时,老人喃喃地说:"中石,我不难过,咱们都别哭。"而中石却无论如何也不能控制自己的感情了,他走出门去又猛然回屋扑在师父膝下痛哭失声,老人用颤抖的双手抚摸着他的头,眼泪簌簌地落在他的头上。这次相别竟成永诀,翌年奚先生溘然长逝,在弥留之际他给中石写信道:"诸子中唯孙儿中路尚可造就,望厚待严教之。"欧阳中石牢记师父重托,对奚中路的成长付出了许多心血,他常感慨:"我是得艺于奚,还艺于奚。"奚先生虽已作古,奚派艺术却有传人,在河北省举办的纪念奚啸伯75岁诞辰活动中,欧阳中石亲赴石家庄,演出了《白帝城》、《龙凤呈祥》和《坐楼杀惜》等奚派名剧,他那儒雅细腻的台风,哀婉悲伤的唱腔,洒脱精湛的技艺,再现了奚先生昔日风采,难怪有人赋诗称道:"台帘启处泪眼看,疑是奚君又重来。"大约三、四年前的"两会"期间,中央电视台录播一些全国政协委员唱京戏的情景,后来,我对中石说,他们几位都唱得好,虽是票友,甚至有的可达到专业水平,但唯独你唱得最讲究,什么字正腔圆、声情并茂之类的赞语,是对艺术大师的贬低,唯独"讲究",方可说明熨贴天成、妙不可言。

我十分敬重中石先生不卑不亢、不矫不饰、自尊自爱的做人风范。大约是80年代后期,在他家中,他特意让我看到了一件我们大家敬重的世纪伟人写给大画家李可染先生书信的手抄件,大意是说:您曾为我画过一幅耕牛图,至为喜爱,一直挂在客厅内,文革中被遗失甚为可惜,相烦在您方便的时候,不知能否再为我重画一幅,我将以薄礼相赠,以表谢忱和敬意。看完信我俩都赞叹不已,这才是一位伟人的气度与风范,他的谦诚表明了他文化素养与个人品格高尚。接着,我又看了可染先生回信的抄件,大意是:大札拜悉,索画之事理当从命,但手边尚有前已承应的几幅未作,待完成之后即当遵嘱为您画牛。看完这封短简,同样令人惊叹,仿佛顿时懂得这便是文人风骨。一位是身居高位却不居高临下,而是如此尊重别人;一位是布衣书生却不诚惶诚恐,而是不卑不亢、崇尚礼仪又谦和真诚。这说明他推崇这样的境界和人品。

一个崭新的时代,还原了中石本色,他感到天宽地广了,可爽声大笑,可纵谈古今,可指陈书家真伪,可以不断说点明白话了。因此，字的内涵也愈丰富，既不张狂也不萎缩，既深邃又不匠拙。字便是他本人，堂堂正正站立在天地之间，不矫不饰面对乾坤大声发言，那种浩然正气和潇洒风流的美的神韵，都是不遮不掩、溢彩流光的。当然，他还是他，仍不把话说满。几年前，有一次闲叙，他告诉我，有人拿了几幅署名启功的字，去问启功先生是否他的真迹，这位书界泰斗说："这些字不是我写的，但都比我写得好！"中石说他喜欢这种风范，同样不断有人拿着他的仿制品去请中石辨识真伪，他总是说："不是我写的，但感谢这些朋友替我扬名。"他说话非常委婉，机智而幽默，却永远不失真诚，十几年前有位初识的朋友吴同宁向我求字，我慨然相赠。他笑道："您比我有勇气！"我说此话怎讲？他诚恳相告吴同宁是吴玉如先生的小女儿，是吴小如之妹。"我恍然大悟，自己做了一件真正"班门弄斧"之事，吴玉如是当之无愧的大书法家和金石家，当年蒋介石相求篆刻名章，被他拒绝，原因是"我与你并不相识"。建国之后一位伟人相求他以同样缘由而婉谢，唯独周恩来的名章出自他之手，因系"南开同窗"。他只认友情，而不认官位。我把自己的所谓"书法"，送至吴家，还不够有"勇气"吗？这真让我羞愧之至了。吴先生的风骨是中国文人的典范，也令人感慨系之，当今的文人墨客书生学者，不乏趋炎附势之辈，不乏投机取巧之徒，为发作品，为评职称，为争一官半职，去请客送礼、去弄虚作假，至于文坛诗坛混子，到处招摇，就更不在话下了。即使未必如此下贱，有几人能做到吴玉如先生、李可染先生这般浩然正气！中石向我讲这些故事，表明他的人生信仰。中石与我的闲谈，也是一种性灵和人格的陶冶，他的做人和作书，我仅仅学到一些皮毛，却也受益匪浅。

中石说话悠然而然十分幽默，3年前我拿了几方印章，向他求教水平如何,他反复端详,连声说好,我问怎么个好法?他说:"字都认识。"我说你说的太刻薄,他说评价不低了,有些篆刻根本不认识!还有一次我问他:"我的印泥干了,有办法吗?"他说:"有。"我洗耳恭听有何妙法,他说:"再买一盒。"这都是非常友善的幽默,但他察觉到对方用心叵测时,他的幽默就会含戏弄了,80年代末他与刘海粟大师到香港讲学,电视台对中石进行采访,主持人问他,现在是电视直播,你讲的话全世界都能听到,您能讲一句深藏内心的话吗?中石说:"不能讲。"问:"但讲无妨",中石说:"在这里讲不合适。"主持人反复启发他讲真话的意义,中石问:"非讲不可?"主持人:"您一定要讲,没有什么合适不合适,只要是您讲的都有意义。"中石:"好吧,那我就说吧,我最想说的久久深藏内心的话是共产党万岁!"主持人大失所望,中石虽然暗喜,却不露声色。

在耳鬓厮磨之中,他的这种思维方式和表述方式,对我也产生了潜移默化的影响,1979年3月我调入北京师院(分院)中文系,经半年备课,自9月开始主讲中国现代文学。过去诸多文学史版本,对于巴金、老舍、曹禺的经典作品,都从政治思想和阶级观念出发,在不同程度上掩映了人性光辉,而人性是永恒的文学之魂,我从社会性和人性、思想性和艺术性相统一的价值取向重新解读这些作品,并声言30年代是中国现代文学史(1919—1949)的黄金时代。这一年打倒"四人帮"已3年,党的十一届三中全会即将召开,冻结的思想开始回暖,而思想僵化又积重难返,可谓之乍暖还寒。我的讲课让学生们耳目一新,个别人却表示异议,便汇报到学院党委,说我反对毛泽东文艺思想,因为历来认为1942年《在延安文艺座谈会上的讲话》发表后,达到中国现代文学的顶峰。这是一种有悖文学实绩的政治判断。院党委的领导找我谈话:"您是讲过30年代是中国现代文学的黄金时代吗？"答："是。""那么请问毛主席《讲话》之后那段时期是什么时代？"便脱口而出："那是金刚钻时代。"这位院领导闻之一笑，顿时哑然。我以欧阳中石式的谦和对他说：您还想问什么吗？若没有我便告退了。

　　前几天，中石先生曾托人传信，说许久未晤很是想念，方便时请我去坐坐，正巧中国作协的《作家通讯》要刊登我的所谓书法作品，并要求附一位书法家的简短评语，我便于3月23日下午登门造访。故友重聚，欢愉之情溢于言表，抚今追昔，海阔天空，意也悠然，情也陶然！关于写评语，我请他口授由其弟子记录即可，而他却要亲自伏案手书以表尊重，而切入角度又是别开生面：

　　吾弟作书，才气横溢，近日读来，沉著而酣畅，欲乞有所惠赠，但竟终不获允，可恼，可恼！将来，亦必礼尚往还，因数语为识。

　　中石惟恐有忘，特作此志。

　　刊载他的评语时我有《同吾附言》：

　　中石先生，亦师亦友，转瞬已相识四十六载，遥想当年，行则同舆，止则同席，球场拼搏，灯下对奕，翰墨歌弦，耳濡目染，同经十年苦雨，同迎历史晨曦，思之念之，不胜感慨！

作书

欧阳中石,1928年生,山东泰安人,毕业于北京大学。中央文史研究馆馆员;全国政协委员;首都师范大学中国书法文化研究院名誉院长、教授、博士生、博士后导师;文化部艺术系列美术专业高级职称评委会委员;曾任国务院学员会艺术学学科评议组成员。在国学、逻辑、音韵、戏剧等方面都有较高造诣,在书法艺术方面更是博学精深。

1985年在首师大开始主持书法教育。欧阳中石先生首先在国内建成了大专、本科、硕士、博士生、博士后的完整的书法高等教育体系。1993年成为全国第一位书法博士生导师。经多年的研究和探索,他提出了"作字行文,文以载道;以书焕采,赋以生机"的宗旨,将书法置于文化背景之中,研究书法的地位、作用和意义,视文化为书法的源泉。从而确立了书法研究院在全国高等书法教育中独特而鲜明的办学特色和道路,赢得了学界的称许,为书法艺术的发展和繁荣做出了贡献。

中石先生书法诸体皆擅,尤以行草享誉海内外,作品被广泛收藏。同时,他精于研究,乐于育人。主编或撰写出版《书法与中国文化》等学术专著多部,培养的不少学生已成为学界、书界重要的有生力量。

摄于家中

五一前夕，刚刚荣获2010年"全国先进工作者"称号的欧阳中石先生领到了证书和奖章。"全国先进工作者"是国家最高荣誉，要评选出品德高尚、功绩卓著、贡献突出、无私奉献的先进模范人物，更好地宣传、学习先进模范人物事迹，树立时代典范，弘扬新时期先进模范人物的崇高精神，先生当之无愧。刚刚评选结束的第二届"首都杰出人才奖"中，党外人才唱主角：中国作协副主席刘冠军、百度公司董事长李彦宏、北京友谊医院热带医学研究所研究员李桓英、国家一级导演张艺谋、首师大教授欧阳中石六位获奖者之中，除柳传志同志为中共党员以外，刘冠军、李彦宏、李桓英、张艺谋、欧阳中石等五人都是无党派人士，是党外人才中的杰出代表。"首都杰出人才奖"作为北京市级人才奖励的最高奖项，第一次颁奖是在2005年，它面向为北京市经济社会发展做出突出贡献的北京地区各类优秀人才和为国家建设发展做出突出贡献的北京市各类优秀人才进行选拔。此次获奖的五位党外代表人士中有深入生活、勤奋创作，在当代具有重要影响的知名作家；有归国创业、引领创新，推动我国尖端信息技术发展的归国留学人员；有心系病患、攻坚克难，为提高我国重大疾病防治水平做出突出贡献的医务工作者；有享誉影坛、屡获殊荣，用艺术形式展示国家经济社会发展成就的著名导演；有德高望重、造诣深厚，长期从事书法教学科研的教育家，他们在首都经济社会发展和国家建设发展各项事业中的突出贡献和重要作用。中石先生是学识渊博的学者，是我国著名教育家、书法界泰斗，82岁高龄依然活跃在教书育人第一线，无日不临池的深厚功力，为弘扬中华优秀文化做出了卓著贡献。中石先生的这个奖项创造了"全国先进工作者"的历史纪录，成为建国以来年龄最大的获奖者。我带着深深的崇敬之情和真挚的祝贺之意去道喜，他却还是说，自己只是做了"一名普通的教书匠"应该做的事情，能够获得这个荣誉称号，倍感鼓舞，继续做好教书育人工作，继续为教育事业为弘扬中华书学文化做出贡献。不是停止了嘈杂才宁静，而是宁静淡化了噪杂；每一次走进中石先生的家，墨香是特色之一，四壁皆书，所涉庞杂，不管房间内挤满多少人，我都强烈地感受到不论哪一种嘈杂都侵蚀不了先生的安宁。2000年，我有幸陪中石先生回到泰安，还一起登了泰山之巅，回京后我将所想所见写成随笔发表在《北京晚报》，近期，先生在接受一家电视台采访拍摄时，还提到在我的文章中记录下来的先生在泰山之巅所做的诗，这之后就一发不可收，一晃儿，十多年来就做了断断续续的采访，无数次面对面的聆听，成就了今日之《中石访谈》，然而，中石先生的思想又怎是这薄薄的一书所能囊括？

记得，那是1995年，我是因《中国京剧》一书的组稿工作结识中石先生的。

中青社举办的出版座谈会后，我驱车送中石先生回府，途中斗胆送给他一本刚刚在作家出版社出版的诗集《结束的开始》，他当即说：很有哲学意味的名字。这之后，我便常常到家里"登门拜访"了，十几年来，真是受益匪浅，颇多感动。我写了一些关于欧阳先生的文章,还有很多该写的要写的,一直没有动笔,这已然是我多年来的心结,无论是上午还是下午,不管是坐的时间长还是时间短,二十分钟也好两个小时也罢,每一次都做了多多少少的笔记,每一次就都留下了疑念,工作繁多,手头又懒,也就一拖再拖,十几年来,真是盔甲渐厚,颇多感慨。只要坐在这位全国政协委员、著名学者、首都师范大学教授中石先生的面前,总能够被他老人家那种安宁慈爱给拽回来,

于首师大家中书写

那里真是一个"修学好古,谦虚做人"的磁场;因而,我时常回味欧阳先生用四句话来概括自己一生的活法:

"少无大志"——从小就没有任何想法,将来成个什么人,想当什么不想当什么,一切都没有想法,这个学期就说这个学期的,明年的明年再说。

"见异思迁"——见什么就喜欢什么,特别广泛。从农村

到城市觉得新鲜；从初中到高中也觉得新鲜；到处都能找到"玩"的东西。爱博学而情不专。

"不务正业"——其实我所喜欢的都是正业，教着书又喜欢唱戏，唱着戏又喜欢写字，我自己认为是不务正业，而对于人家来说都是正业。

"无家可归"——别人给我冠了很多头衔，这个家那个家的，其实，我这个人到底是干什么的，准确的说，只是个教书匠。

2008年夏天于首师大家中

我体会：少无大志、见异思迁、不务正业、无家可归这四个境界倒是"处处是家"啊，京剧、国画、诗词、曲联创作、书法等都是行家里手，博而精，学而有术。藏之身，身在则有余；博学多优，著述有多部，涉及国学、逻辑、戏曲、诗词、音韵等，书法在国内外享有盛誉；然而，从未见他流露出自以为是的样子，却常说自己有一种惶恐、自愧的心境，在他被聘为中国画研究院委员时的一首诗中是这样写的：应运随时入自然，区区小可负前贤。这四个境界倒是"醉了不知归路"的境界，醉了

摄于天池

不知归路！先生的心力和意志不同一般。注视着先生走过来的长路，觉得又平实又充满着神话的色彩。中石先生自幼受过严格的传统教育，抗战时期在农村读私塾，受到了四书的严格基础训练，对诗词、音韵、古文字方面也由此奠定了坚实的基础，后在辅仁大学、北京大学哲学系学习，得到许多大师的悉心栽培；大学毕业后长期任教于中师、中学、大学的各门课程，无论文科、理科，连体育都教过。中石先生是一个多能的艺术家，他兢兢业业、严于律己、学识渊博，满载成就与荣誉，82岁高

龄却依然谦逊如初。中石先生从济南到北京，从数学到化学、体育，从小学到博士，教遍了中国目前所有学制、所有类型的学生，如今先生依然活跃在书法教学、科研、创作第一线上，把毕生的精力奉献给了教书育人事业。务实钻研，严谨治学，炉火纯青的书法艺术是先生为中国书法文化教育事业鞠躬尽瘁的精神，先生以"水墨"的精神感受着艺术的自由；京剧和书法也非常了得，绝不是一般的水平，是专业中的专业。是啊，学广而闻多，不求闻于人；先生极其静默，远离喧闹，不含色彩，不露艳光，他书写出来的或大或小的字中，文化的含量是那么浓郁而潇洒。中石先生是当之无愧的享誉学术界和书法界的著名学者，始终保持着平易近人的儒者风范，从不以才高而自负，不因盛名而自矜，胸襟之大令人景仰。作为著名学者和书法教育家的大学问家，先生至今在书法培训班等各种书学活动中传授着书学知识和书写技法，著书立说，著作等身，教书育人，培桃育李，说不清有多少门下弟子："得天下英才而育之，一大乐事也"，旁注一行小字："及门敬我，我更爱及门。"这里

摄于山东泰安

凝聚着师生间的诚挚之情。中石先生对自己提出了四个要求:"不搞个展、不立传、不建馆、不褒贬";他为人谦和、处世恬淡、儒雅不凡、和蔼可亲;这四个境界、这四个要求,我们究竟该是怎样去探究?怎样去审视?对此,我与中石先生做了问答式的访谈。

黄殿琴:

您是在泰山脚下度过的少年时光,小时候特别爱去玩的一个地方是经石峪,当时经石峪上还流着水,那么多年来都是有水在上面流着的,您很喜欢水漫过石头上那些字的感觉,很喜欢穿着力士鞋走在笔画里面的感觉吗?

欧阳中石:

当然是觉得美极了;但是,我喜欢到经石峪去,不是为去看字的,是去为了玩儿!孩子嘛,玩儿心就重,顽皮心理就浓。

黄殿琴:

有意思,不为看字是为玩儿;那么,您对于写字,是什么时候或者说是怎么有兴趣感兴趣的呢?

欧阳中石:

我到了学校,老师在写经石峪,我在给他磨墨,我磨了墨老师写,老师写我就在旁边看。我们那个地方产一种纸叫毛头纸,四方的这样一张纸就写一个字,写完了我就给写好的纸放在旁

中石访谈

欧阳中石（左）袁世海（右外）黄殿琴（右里）

边，老师再写第二个字，写完了我再把它放在旁边，不写光看，就是一个书童；但是，就这个经历简直是太难得了，现在想想也应当说是太珍贵了。老师写着字，旁边摆着字帖，写得有的一样，写得有的不一样；我就很好奇地问：这个字怎么和那个字不一样呢？老师说：怎么不一样呢？我就说：那个很粗呀。老师不理我了。这时候我就想，要是我写的话很可能就是粗的，可是我没写过，这个思想在头脑里便有了，很有意思。如果说，我对写字有兴趣的话，是我从做书童伺候老师写字开始的。作为一个从事书法教育的教书匠，我认为书法教育要从孩子抓起，更重要的是素质教育，学几何学、物理学、化学，都是在使孩子的素质提高，写字也同样是一种素质的提高。从孩子抓起，好好写一写汉字，汉字是中华民族智慧的结晶。不单是汉字，

看爷爷写字

还有汉文学等都要好好继承,所蕴含的社会价值和艺术价值还不是我们所能完全认识清楚的。

黄殿琴：

在您上学的时候,您曾经说过,一个背诵,一个手抄,只有这么两件事;您还认为这两件事是极其重要的;在现在看来,人们会认为这两件事是浪费时间的、没有必要的;您怎么认识的?

欧阳中石：

我小时候念私塾的时候,上午是正书,所谓正书就是老师到班里手指大字,比如孟子见梁惠王,开始正书,念完了再念一遍,念完三遍再念下一段,念完了就不管了,上午就是如此。老师走了,我们就念,出声的念,都念,屋里一片沸腾。下午写字,写完了大字,写小字,写完了小字再写大字,当时并没

中石访谈

汉字是中华儿女智慧的结晶,中华文化之灵魂与她不能分开,相信她会与时俱进,相信她现在有目无瞎,将来有始无终。

中石走笔

有想一定要把字写好,一个劲儿的就是单纯地写字,写字就好像是认字的最重要的一个办法。一个背诵,一个手抄,这两件事,我到现在都觉得不是浪费时间,是非常必要的。现在读书的人,只能叫遛书而没有念书,念书是张开口大声的念才行,背书、手抄虽然麻烦,看上去是费功夫,是非常必要的。

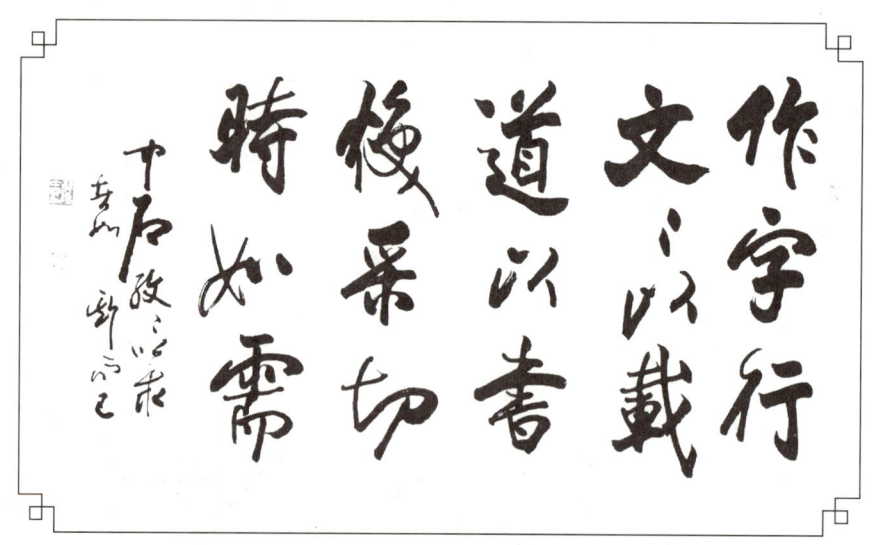

黄殿琴：

是背书、手抄为您日后的书法奠定了坚实的基础了，这是您看不见又看得见、摸不着又摸得着的一个"老师"；那您身边的实实在在的第一位书法老师是怎样的一个老师呢？

欧阳中石：

那时，我在农村认识了一位已经80岁高龄的武岩法师，他是个和尚，步履健朗，精神矍铄，字写得好，不仅书法好，还懂得教学法。有一天，他走到我们的学屋里，我们就希望他写写字给我们看一看，看完了，我们比着写，每到这时，这可是大气不敢喘的时候，非常认真地去写。等到济南读了中学以后，他也到了济南，这就有条件又去跟他学，跟他学写字，我也有很多体会，他是个很严厉的老师，严厉到我很怕他，他不苟言笑，从他身上我就理解了严肃和凶恶是截然不同的，他的严肃让我由衷地发出一种敬意，他的严肃能让我的心沉下来，他的任何一句话我都很深刻地记在心里。他想看看我写的字，我就拿给他看，武岩法师看过我的书法作品后摇摇头道"你还不会写字啊！"当时，我心里就在想，我在农村已经给人家写过诗词之类的，怎么就不会写了呢？听惯了赞誉，第一次听到这话，心里很不是滋味，可转念一想，我要是会写字了，还来拜你为师做啥？他说：这样吧，我教你写，你在家不要写了，到我这儿来学，你也不用带东西，我这儿有笔有纸，但我这儿可不供你，你拿钱来，用我的纸，你这样的纸都不行，是要用宣纸的。你要拜我为师可以，有一个条件你须遵守：来我这儿学字，笔墨

由我出，纸得由你自己出，并且要用好纸，得用宣纸。市面上一张宣纸一毛二分钱，虽家境拮据，咬咬牙，再节约点用，还能勉强用得起。武岩法师仿佛看透了我的心思，补充道：街面上卖的一毛二分一张的宣纸不行，要用好的。我这儿有好宣纸，五块钱一张，每次带钱就行了。当时一袋白面才两块钱，如何负担得起如此昂贵的"学费"？回到家，把武岩法师的话跟母亲学了一遍。母亲早年读过师范，是一位开明的知识女性，说："武岩法师是书法高手，又不轻易收徒弟，他既然开口同意让你拜他为师，不可错失此良机。这样到了星期天，攥着母亲给

的五块钱，迈着沉重的步伐进了古庙。武岩法师收了我的钱，就从案桌上抽出了一张宣纸，严肃地说：你可看仔细了，我可不写两遍。心想，给你那么多钱，不认真看不行呀。所以他写，我就很认真地看，孩子嘛就都有一些顽皮心理，你说让我看着，我不光想看了，想吃进去的心都有了，好好地看着他写完了。在宣纸上缓缓地写了个"崴"字，又抽出一张宣纸，往我面前一放：到那边去写吧。望着面前五块钱一张的"天价纸"，握

授课后与学生交流

着笔的手直哆嗦，这一笔落下，五块钱就没了，握着笔看半天不肯写，用脑子回忆着武岩法师写"崴"字的情景，全神贯注地用眼睛盯着武岩法师写的"崴"字看，一笔一笔地琢磨，比划了半天，终于没有落笔。过了好久，武岩法师见我还没下笔

自古崇师德承传，
树功言行皆教本，
圣立东风，
师德颂

甲戌柏咏

便说：今天的时间到了。以后每次授课一小时，你要抓紧时间。叫你写，你不写，我可跟你说，回家后可不准再写字，听清楚了吗。我就拿着老师给我的纸到那边开始写，写着写着，我就不敢写了，我不知道宣纸是什么滋味，一下笔，墨就全洇开了，写不成了，就这么一小块纸，就下不去手，就白糟践了纸；一会儿老师过来了，一看就怒了，面色铁青，看着都害怕。老师说：你这样让我怎么办，你怎么对得起你的家长，我给你写了半天你一笔都不写，你的学费交的不冤枉吗，走吧。两句话就让我走了，我刚要出门，他便喊住我，回来，回家不许写。这做法可和一般的老师不一样！出了老师的门赶紧回家，我心里想，你不让我写，我就那么听话，回到家摆开了纸，我非写写不可，挥笔一试，连自己也愣住了，觉得很奇怪：自己的字怎么一下就变了样儿呢？怎么我写的跟老师写的字差不多呀，在极度亢奋中，我一遍又一遍地写着

欧阳中石先生在书房

那个"崴"字,一点一划,一横一竖反复练习、反复琢磨、反复研究,竟把记忆变成了落笔成字。再看看还有哪儿不一样呢,从最后一个点开始看,真的恍惚了,头脑似乎什么都不记得了,老师的笔法我已摸着了,我一定能把他的技艺"偷"到手,这个时候,我就开始盼着下个礼拜快来。我把钱带上,去了就交

2010年秋摄于两会会议上

了钱,武岩法师照样不客气地收了钱,拿过纸来就写,还不说话,看着老师抽纸蘸墨捺笔挥毫,还是写了上次的那个'崴'字,我站在一旁眼、耳、心、手一齐调动,观察、感受、吸收、摄取,恨不得把老师所有的技艺都"吃掉";老师写完了又说:那边儿写去吧。望着五块钱一张的宣纸,依然不敢在宣纸上落笔。武岩法师又来吓唬他了:"不写,这张纸我可要收走了。"我当然舍不得,只得咬牙跺脚地大胆挥笔。这一回,笔落神显,

规度初具。看着这张字,我怀疑的那几个地方都证实了,就这一遍我看的不错,当我写完了又检查检查,准备拿这张纸找老师的时候,老师按着我肩膀,原来老师就一直站在我身后看呢,说:你今天开始会写字了。这句话很普通,评价也并不高,但是,当时在我的心里是觉得评价的很高了。我对他第一次说我不会

2009年春节在蟒山度假村

写字也就不觉得冤枉了。武岩法师真高明呀,他骗我:要学书法,得买他的纸。外面一毛二分一张的宣纸,到他那里得五块钱一张。那时,家里生活不富裕,何以承担?孩子就信以为真,不敢在那么贵的纸上写。从早到晚只埋头看他写的范字,就是不敢在纸上落笔。他吓唬我:不写,这纸就收回了。我又舍不得,只得狠狠心,写了,没想到还就像了。正当我渐渐掌握了中国书法的各种流派风格特点时,一天,武岩法师突然对武岩法师说:你现在已经有了较扎实的基本功,可以朝某一方面深入发展了。

先攻魏碑，写张猛龙碑。之后不久，武岩和尚就悄然离开古庙了，我便再也没有见过了。武岩法师走后不久，我才从母亲处得知：每次五块钱一张的宣纸，其实武岩法师一文也没有收。都是第一天收了五块钱，第二天就派人送了回来。每次交钱，实际上是老师和母亲"串通"好的，是做戏给我看的，只是我被蒙在了鼓里。学习半年，效率很高，收获很大，这样高强度的训练，既练了我的眼睛，使我一眼就能看清什么东西是好的，好在哪儿；又练了我的手，使我能把眼中所见的东西，通过笔墨表达出来，使我一生受益。武岩法师外拙内秀，肚子里装的东西可真不少。武岩法师有一套自己的教学方法。每次我去，他教的内容全不同：这次学颜体，下次临欧体，再一次摹北魏摩崖；技法也时时在变换：这一次讲笔法，一小时基本掌握，下一次字法，再一次章法。两星期讲授一种新内容，经过半年换了五六十种帖，篆、隶、楷、行、方、圆、正、侧各种技法都讲了学了。武岩法师让我浏览了中国书法的各种流派风格，每一种，只学写一两个范字，掌握其精髓，让我的两眼变"毒",一本帖子,拿来只瞧一眼,再临摹定能有个八九不离十,有七八分像了。是武岩法师教会了我重要的学习原则:"动脑比动手重要"。眼睛要"毒"和心要"偷艺"。学书我先从师武岩法师,后又师从吴玉如,从唐碑入手旋即转临北魏诸墓志;后亦曾涉足于篆、隶、甲骨、金文,尤以欧阳询诸碑临池举国专。常作行书,从法二王,而又取势于王。草书以王羲之、孙过庭为宗,亦得益于黄、祝点法,书风妍婉秀美,潇洒俊逸。

作书

黄殿琴:

您的书法,各体兼通,汇综到行草书,以东晋书风为宗,博采周金汉石、碑刻法帖的长处,形成了自己的独特的艺术风格。您是怎么看待这个层面的?

欧阳中石:

中国书法是闪烁在中华文化之上的绚丽光环,同时也是世界文化的绚丽光环。文化是人对"美好"的追求,文化是一个国家、

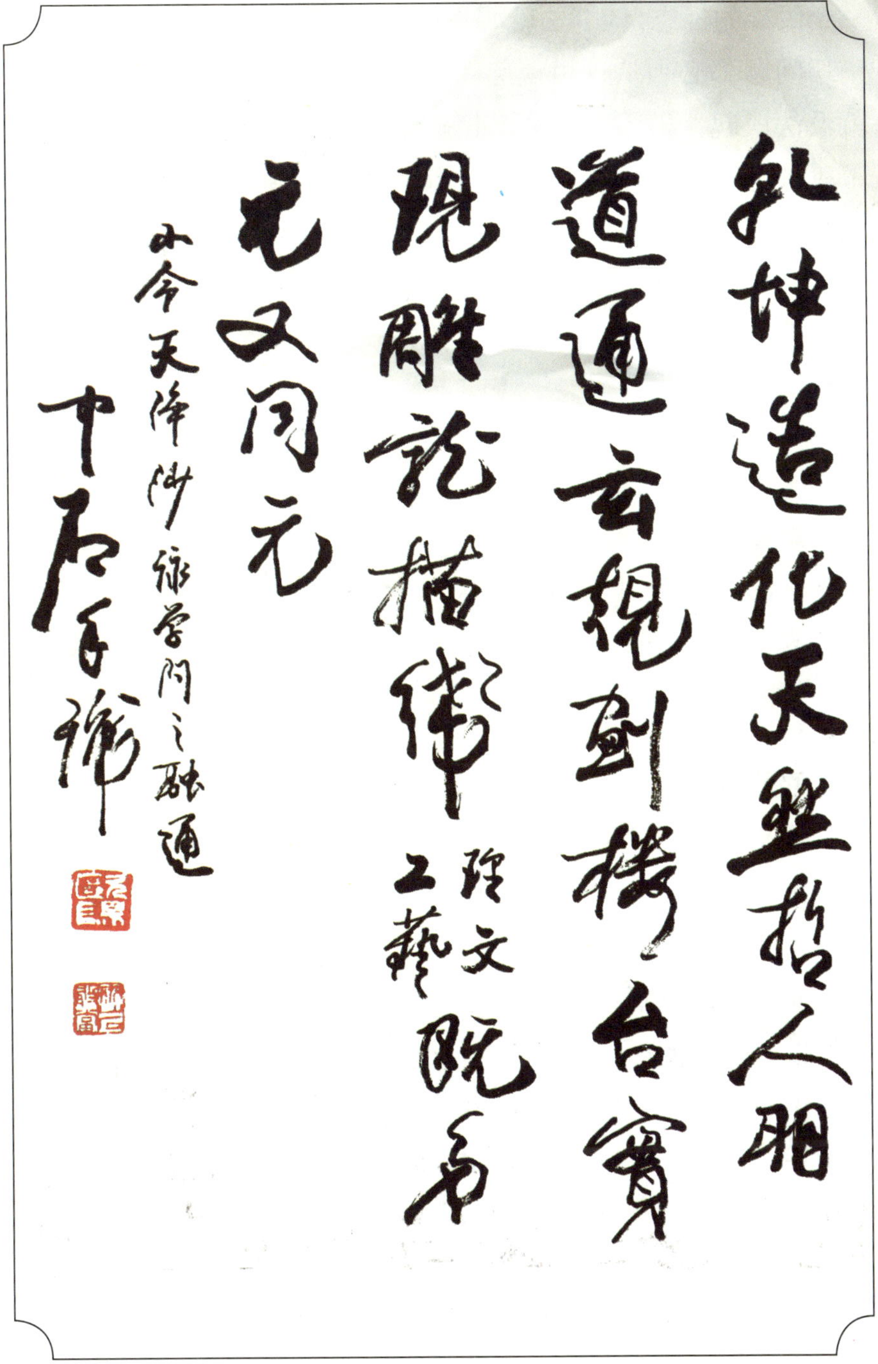

乾坤造化天垂恩人間
道通玄妙到樓台寶
現雕龍描鳳
元又同元

山西天津市徐營門之融通
張文工藝院書
十石書

一个民族的标志,谈书法就要先谈文化问题,这是一个根源问题,一切问题都必须从这里谈起,如不明确,就没有依据,其他的就没法谈起,中国书法艺术把蕴藏在个人身心的思想感情化作了一种有形有色、有声有歌、有节奏有韵律、有神采、有极大震撼力和浓重感情的结晶体。但这有一个前提,自古学文一体、书文一体、书人一体,就是把"字"、"文"、"书"三位一体地进行考虑。只有这样,才可能达到上述境界;如果单独地看,就会不全面。

黄殿琴:
您说学问有两大类:一类是文,一类是理;这两项为什么是学科中最主要的?

欧阳中石:
理是规律的发现,文是对规律发现中理解到的轨迹的表现。人生活在天地间,天和地本来是自然的事物,它们之间有固定的理论和规律在。比方说人长的这张脸,有鼻子、有嘴、有眼睛。鼻子管闻,竖着长;眼睛在上面,横着长;下面一张嘴,也是横着长,就没竖着长。如果竖着长,说话的问题不谈,吃东西、喝水就成了问题。一张嘴水就顺着流下来了,东西也就掉了,很困难。偏偏这张嘴是横的。眼睛分在鼻子的两边,可以左右看,耳朵左右听,这是自然的。他们之间可以活动,活动形成一些痕迹。嘴上下开,还向腮帮子两边开展,这需要有个活动的余地,于是就形成两条纹。这两条纹长的很有规律,在鼻凹的上方,向下弯,到嘴边又扩展了一点。就因为这两条纹,嘴可以上下

作书

开合，脸可以两边开展，这是自然反应。所以理和文是规律、是规律的轨迹。这都是自然反应。眼睛闭张，两边出来鱼尾纹，抬头又出现抬头纹，这都是活动的结果；我就是这样理解许多学科间关系的；理解着书写的艺术认识，书法是一门艺术，这门艺术在各门学科中就占着它应有的位置。"文"是怎么讲的，"理"又是怎么讲的。"理"就是自然的规律总结。比如，两个眼睛，为什么横着长不竖着长？鼻子为什么竖着长鼻孔冲下？

嘴为什么又横过来了？上面两个横的，中间一个竖的，下面一个横的，这些都是有着它的为什么长成这样的必然原因和自然规律。那么，这些规律有没有灵动性呢？我说，当然有，一有了灵动性，就出来了"文"。"文"是轨迹的反应，如果说，理科的学科是对于自然界规律的总结，那么，描述这种轨迹的就是"文"。比如，脸上的皱纹；眼睛是

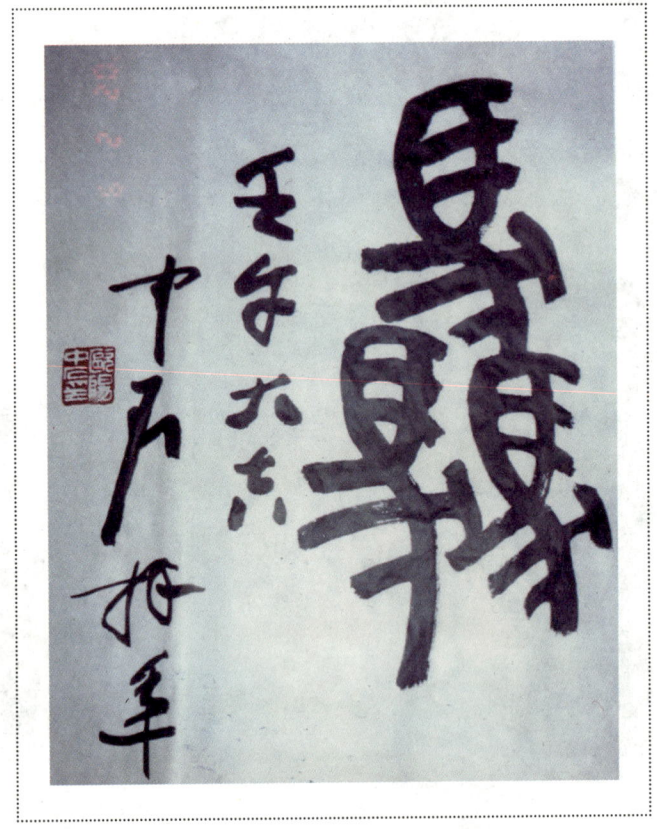

需要闭合的，要是眼睛固定了，脸上就没有褶儿了，不是固定的，它才可以灵动，三个褶，那就是"文"。泪会顺着鼻子很自然的下来，嘴需要张合，这是很自然的描述，这是自然规律与反应的必然结晶，这样的现象很自然。有句话叫地是坤，厚德载物；地势坤，"坤"当什么讲？这里的"坤"当"顺"讲，地势上事情都顺，才能有足够的德行承载万物。"文"还有个叫法"文理"；文理很自然，文是有理的，是根据理来的。自然界是有顺的，

授课

它不顺,一天都没法过,人生活在自然界中,生活在人与人之中,大家都在每天想什么?想生活。生活干吗?生活的好一点。当然,都在想美好的同时,有时候就免不了会撞车,就撞出不好来了。比方说赌博,赌博也是种文化,赌博的人想的也是好,吸毒的人想的也是好;但是,吸上了可就不得了了,吸上以后就忘了灾害多大了。大家都冲着美好和谐去发展的,但是,它的有些偶然的因素就吃不消了。战争也是种文化,求的是一种美好,而不得不采取这种手段。这种手段求的是胜利也是往好处说,你也想求得胜利我也想求得美好,这就打起来了,这也正常。就是由这些美好的追求产生了许多背离文化的想法。总的说来,都是在追求着美好,还没有一件不是往美好处走的。美好和谐这是人们追求的最高境界,美好和谐就叫"文"。文化了,怎么叫"化"了呢?就是都向"文"这方面靠拢了,一切用文这个理论统一了,就叫"文化"了。"文"是美好的意思,美好化了,

中 Ро 访 谈

2010年摄于家中

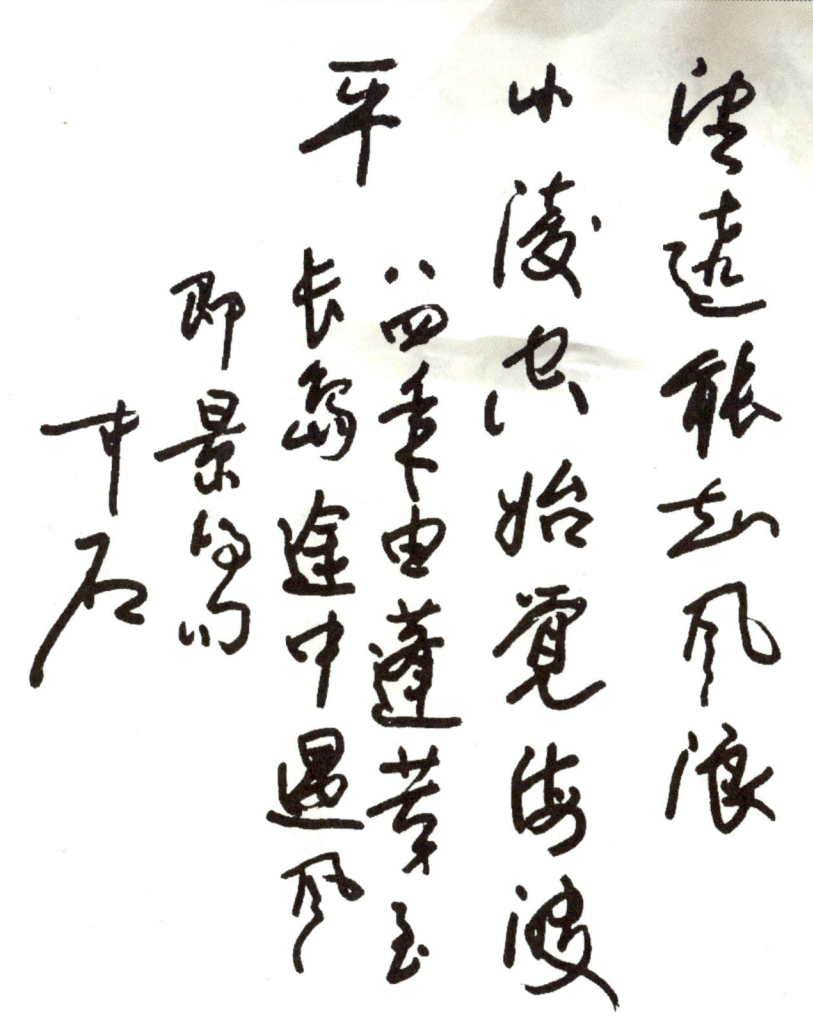

不是说写成文字的就叫"化",而是美好的一种规划,这叫"文化"。根据这个原则想想,哪个不是文化,不是为了生活得好呢,全人类都要往这儿想,这是全人类的共同愿望。

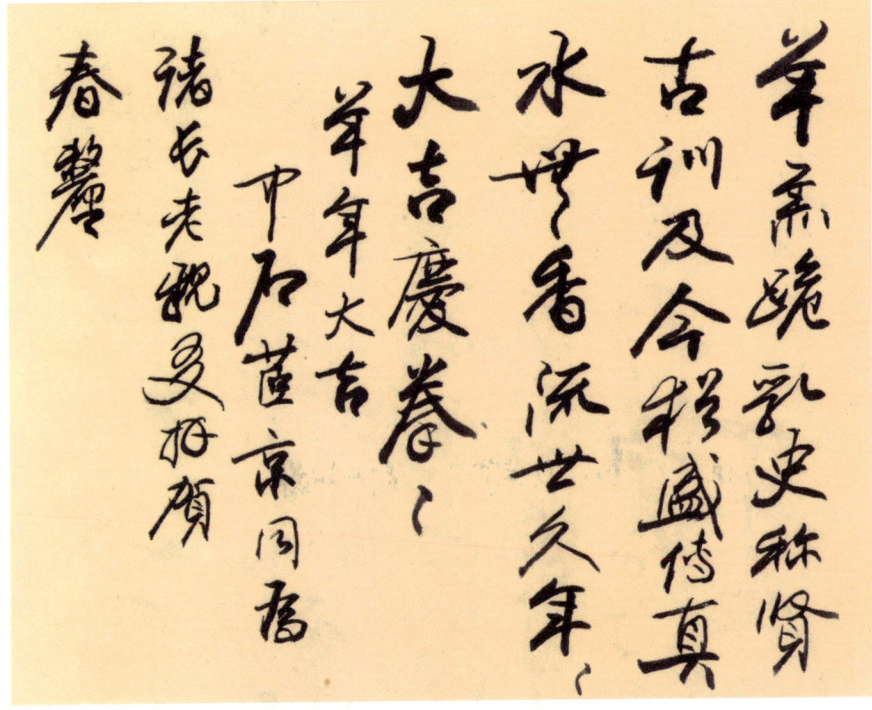

黄殿琴：

中华文化源远流长，她的一个标志是中华的文字，也就是说，中华文字是中华文化的标志；从古代来说，实际上有三大文字，那两种都不传，只有我们这种传了下来，为什么能流传呢？

欧阳中石：

因为它作为人们的信息，它所能表现的能力太强了。有的语言只能解决声音问题，声音和意义到底有什么联系不知道。"book"都懂，这是书，和声音概念本身没瓜葛。但是我们中国字呢想了个办法，画个画，就有直接联系了。画个人就是个人；说个手，画出来，一看就知道是手啊；画个山就是个山。用画，画出个图形来表达事物，很高明。你懂，我也能懂。中国的这个文字就有直接的联系，画的画代替事物那个样，人们有感受。当然人世间的事情概念非常复杂，有的是抽象的，你比方画走，这个走就难画，画出来也是个死的呀，太困难了。但是有办法，我用两个图，表示一下这个动作，我前边画个脚，后边画个脚，这两个脚要并在一起他不走，一前一后总是在往前走。"步"

巨幅作品

就是一前一后，原来是这样。两个脚放一块，一前一后这就是"步"。要表示走在哪儿啊，要走在水里怎么样，就是"涉"啊。看见的"见"下面这是一个蹲着的人啊，儿子的"子"是站着的人。一步步发展下来，象形、指示、会意、形声、转注、嫁接六书，指示也是画的一种，到了会意，两个图中间让你给弄个意思，你说有多了不起，把很复杂的意思给弄出来了，这一点厉害不厉害，这是太了不起的。所以，中国字的形成，中

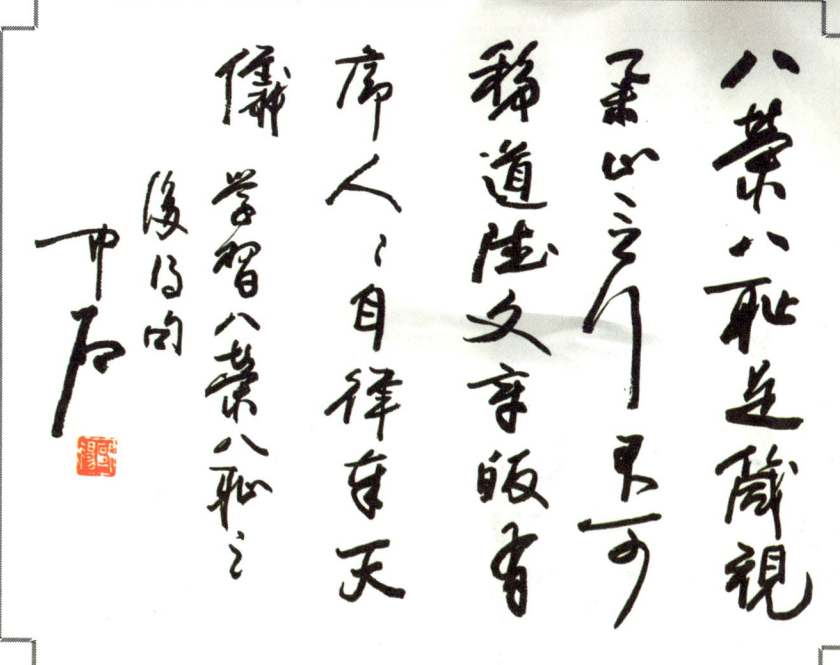

国字的发展就标志着中国文化的发展。

我们有象形,先画出来一部分,再用不同的形让你猜出里边的意思,就是会意的一部分。根据这个原理再扩大。还不够使啊,就加了形声,带有声音的事儿也参与进去了。而且都划分了"部"。草字头、山字头、言字边、木字边……分了一百多部首。增加了部首,代表着什么?人们的思维里边,逻辑里边有个很了不起的东西叫"类",认识的一切东西把它归成类了,这就说认识达到了相当的高度了。逻辑里边就叫做"类"的逻辑概念。光认识一个人不行,得认识全人类是个什么概念,得有"类"的认识,才能叫做有了科学的认识。

我们按部首分类,就等于把天底下的事物都进行分类了。不光是人,不光是一个字,对事物的分类,看来就是对文字的分类，实际上就是对人世的分类。比方一个木字边，带木字边的有多少，考虑一下这是什么类，我光认识一个"木"字就能认识一片木字，"木"首先可以当树讲，第一大类各种树，杨树、柳树、槐树、桃树、杏树……树上的各种部件，树根、树干、树枝，再由一种用树木做成的各种家具，椅子桌子，这是三大类。要认字的话，一个个的碰，得碰到哪一年才能认全了？这个中国文字的思想系统不代表人类的思维高度，不代表人类的文化高度吗？所以中华文字的出现是中华文化的标志，成熟的标志。

黄殿琴：

早在《庄子》书里就提到过"德"，以为"德"就是"得"。"物得"以生谓之德。它虽然不是一种"东西"，但是一种极不一般的内在的"能量"的力量。您怎么看这种力量？

2010年夏于家中

欧阳中石：

　　德是一种特殊的"力量"，这种力量会使"东西"生长，会使"事情"成功。我体会它还是一种"劲儿"。在老百姓的语言中，"北京话"中有一种说法："得咧"的"得"，有时化简为"得"，就是在说：行啦，一切都成功了，都达到了非常"合适"。这种说法正好就是"得"的真正涵义，这个"得"

中石访谈

居心平若水
负德重如山

中石自书

不是仅指一方面,而是指所有方面,无论从哪方面都合适的"得",才是"得"的要求。为了保证全面的"得",各方面又必须遵循一定的原则,这就落在了这个"德"的身上。"德"字的构成颇有意思,中国字中,凡带有"彳"偏旁的,都表示是一种"进行"中。分开来看是和"心"两部分,原是一个"直"字,表意又表声。从会意的角度来说,"从直从心,直心为德"。所谓"直

摄于家中　　欧阳中石（右）　作者（左）

心"的意思可以理解为心中坦直平和。这就是说:它是一种"坦直平和"的契机,它自身如此,希望一切也都如此。"美好和谐"是"文化"的核心要求。像这样公平、和谐的相处,达到全人类的"美好和谐",没有一个共同的约定,一个共同的规范,是很难达到的。先贤对这个问题早有认识,提出了一个"德"

字。为了保证全面的"美好和谐"的要求，人们必须有一个"德"的契机，这才是文化中的一个核心。美好的"文"如何得到"和谐"，要通过"德"这个契机；如何达到全面的"化"，也必须依"德"的契机。所以，中华文化能有如此的生命力、凝聚力，与这一个"德"字分不开，德是中华文化中的一个本质性的核心。

中石访谈

欧阳中石（右）与张耕（左）

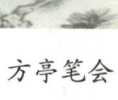

方亭笔会

黄殿琴：

我们中国的汉字是人类、是中华儿女智慧的结晶。我们的文组合起许许多多的诗词歌赋，这一套都得说是一个个结晶形成的一串一串的串珠；书法是在这个外面的一个光环，您认为中华文化的可贵就在这里吗？

欧阳中石：

中文的简练、有法、科学是多么的了不起，我的老师，一个伟大的诗人顾随先生给我讲过一个语法问题，什么叫语法，就是词的顺序。咱们拿出三个字来"我"、"打"、"你",你看怎么摆了。"我打你",你疼,"你打我",我疼,"打你我",咱俩都疼,"你我打"呢,不定谁疼谁不疼。词序就是语法。古文有许多虚词,很难念,"之乎者也矣焉哉,能用得当是秀才"。这七个虚词是做什么用的,是给我们起组织作

在世博会上悬挂的照片

用的。节奏、视觉甚至于听觉、感觉等书法里面全有了,所以,一个字写出来应该是一个智慧的形成,是一个思维的形成,绝不能够简单的看成一个既发的东西。有人在比较中、西艺术时说,西方的艺术,它的基础是建筑,所以,西方后来的其它一切艺术都从建筑而来的;倘若,不理解建筑里面的奥秘,结构,包括力学方面、比例方面的东西,就没有办法理解西方的雕塑和西方的绘画;中国的所有的艺术都是建立在书法上的,如果,不能理解中国书法里面的奥秘,就无法理解中国其它的艺术,

（摄于泰山）欧阳中石（右）作者（中）

包括绘画甚至雕塑，也就都理解不了了；因此，中国书法是东方艺术一个极致的表现。我觉得这个说法很对。我们中国人的思维，是把一切很复杂的事情简单化；你说建筑该需要多大的空间，可是写一个字也起到了那样的效果，但是它就容纳在一点上了；我觉得，中华文化的凝聚力，同化的力量太高了。那天一个领导让我教他写字，他说：都让我题词，我不知道怎么题。我说：很简单，我教给你两种笔画你就可以提，一撇一捺。他说：一撇一捺也就写个"人"再写个"入"，还能写什么呀？我说：一个人字是"人"，两个人字就是个"从"，三人就是个"众"。这都是一撇一捺，一撇一捺。行了，从众，服从大众，反过来写呢，众从。我服从大家，大家也服从我，这不就是领导应当做的事儿吗？我们的文字够丰富的吧。书法不算什么，小道也，但是孔子在教学生的时候，礼乐射御书数，书不是光写，是认字，解字，那是串珠外边的光环。印出来东西和写出来东西就不一样了,把我的心胸,我的思想,我的意识,我的感情都写进去了,写出来的便打动人了,这就是中华文化。我总认为,我们是人类中的一部分,外来的许多东西进入到我们这个范围里面都能化开了,应当说,我们到人家那里也被融化了,这是必然的。

2011年春节蟒山作字

人类就是人类,都有共同之点。所以,我对世界的美好和谐十分向往,也十分有信心。汉字是中华民族智慧的结晶。汉文是把字集中起来表达文意,就是把这些结晶组合起来形成的串珠,书写有它独特的意义,它是在一串一串的串珠外面加上的一层光环。在交流中语言是原始的,可以把语言的声音记录下来,直接成为声音的交流,传达意义既方便又真实;但是,时间的持续问题,空间的听觉感受问题,要很长的延长是不能的,社会在发展,加以科学研究,录制下来让它持久,广播出去传达很远,在古代时就没有这么方便。感谢我们的先贤,很了不起地创造了汉字汉文,把它的形象给记载了下来,让很远的人能够看到这个形象,理解了意义。在历史上经过多年的磨合,逐

师者诵辛苦殊荣

不敢翘首射心慌

俯首报匠人

第二十个教师节 一個老教书匠恋心神话

渐地使字体越来越接近生活，使用越来越方便，从古代甲骨、大篆、小篆、隶书这样发展下来，汉文在记录语言上是那么简练，古文不是当时人们语言的记录，而是人们语言的一种加工的浓缩。古文言难懂，不说便罢，只要说出来，都欣然接受，我记得在"文化大革命"时期时兴的一句话，比方说我不同意你的观点，你的观点简直让人难以接受，就说"是可忍孰不可忍"；这句话是文言文，在人们的口头上，在大字报上屡见不鲜，谁都能懂这句话，"如果这样一种东西可以忍受的话，还有什么不能忍受的"就成了人们的口头禅；充分展示了所谓古文中的语言的力量。强调汉字、古文，先贤们创造了字、创造了"文"、创造了"书"这些艺术，就成了生活中一直伴随着发展的整套艺术，经过了历史考验，经过了历史筛选，选的许多内容是它肯定的，也是曾经被抛弃过的一些，这就是自然的。中华历史长河给我们摆开了一条全部遗产中的优秀遗产，供选择，人们在历史上约定一条，哪个是好，哪个是不好，是共同认定的美，我们对美的理解有过许多变化，有过许多理解的不同，总的讲，没有原则上的不同。先贤们在先秦时代认为美的，至今我们还认为美，经过了历史考验，一直流传了下来，这就是我们的传统。

黄殿琴：

　　说到美好和谐，我便想到了"什么叫文化"这个问题。美好和谐这是人们追求的最高境界。您认为美好和谐叫"文"；文化，怎么叫"化"了呢？都向"文"这方面靠拢了，一切用文这个理论统一了，就叫"文化"了。"文"是美好的意思，美好化了，不是说写成文字的就叫"化"，而是美好的一种规划，这叫"文化"，请您再重新讲讲这个观点？

欧阳中石：

什么是"文化"？就是以"文""化"之，也可以说就是：使之"美好"起来。关于文化这个大话题，我谈过几个观点。作出"美好"的愿望，是"文化"；作出追求"美好"的实际行动，也是"文化"；以"美好"的愿望出发，经过追求的实际行动，最后作出了"美好"的结果，也必然是"文化"的结晶。人们对于"美好"的追求有很多表达方式，"文"便是其

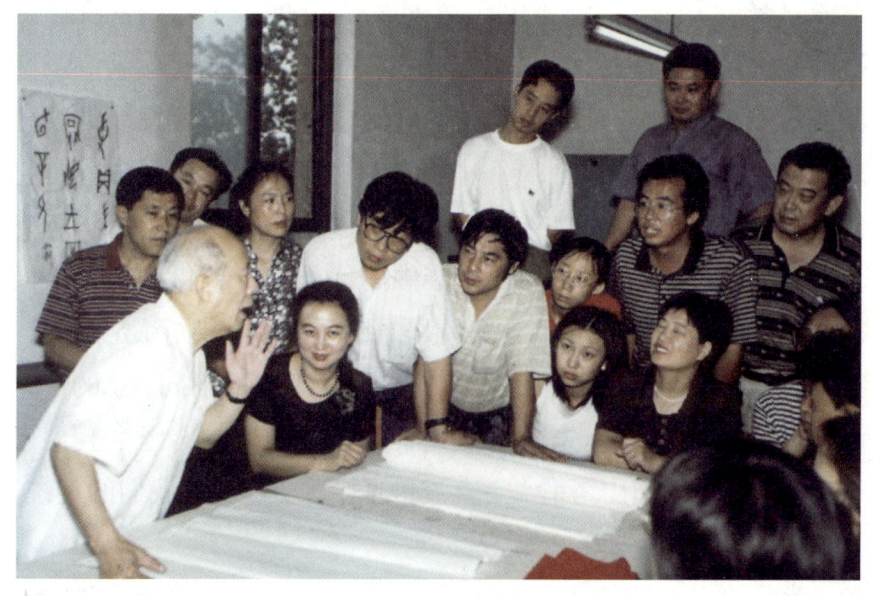

首师大授课

中一种。在《礼记》里古人对"文"做过说明："五色成文而不乱"，这是说多种颜色很有章法地聚合在一起便是一种美好的"文"。多种东西聚集一起，尽管物种很多，集聚一起，各有各的特点，各有各的姿态，多种多样的集聚。"杂"，《说文》说是"五采相会"，所以"纷杂"多采，也应是一种"美好"的征象。这种征象用一个"文"字概括起来，妥贴而全

面，形象地表现出这种征象的内在涵义。生活一天一天"美好"起来的一切愿望、行动、结果都可以涵概在"文化"之中。辞书中说：人类社会历史过程中，所有的物质财富和精神财富都属于"文化"，或者说是物质财富和精神财富的总和。这样理解，最少摸到了一点"边儿"。在"美好"的后面，还要必须加上"和谐"一词，既然"文化"是向"美好"的追求；你、我、他都要追求，人类共同所有的追求，难免就有互相碰撞的可能；为了大家都能得到"美好"，就应当大家作出一个保证大家都能得到"美好"的行动规范，这个规范必须保证大家都"美好"，要求大家彼此谦和、容让、包涵、尊重的"和谐"相处。

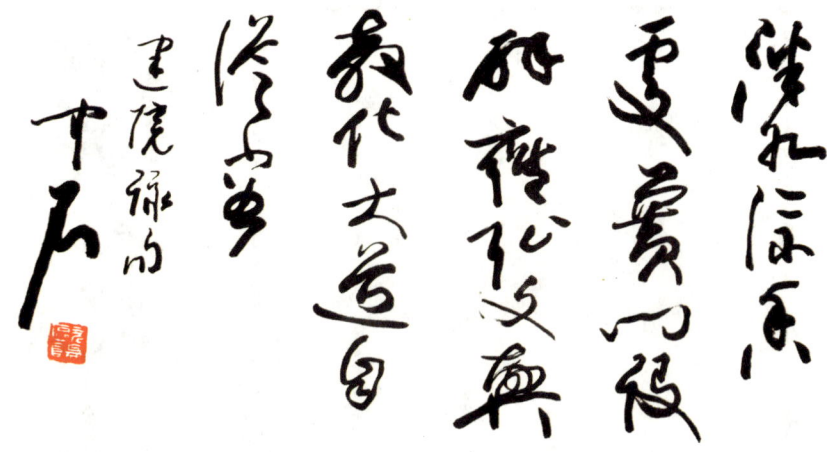

黄殿琴：

世界上所有学者对文化加以思考的大约有一百多种定义，一直不能取得统一认识，很难找到一个公允的解释，对于文化的内容是越描述内容就越多，您总在讲，文化是向美好处走。文是美好和谐，化是使之变成美好，文化就是都像"文"一样的统治了一切覆盖了一切；这个"文化"思想您是越来越明朗了，您在思考的过程中，会深化的个别部分是什么？

欧阳中石：

人们想的都很好，都想往美好的地方走，但走起来就不一样齐了，我想走三步，你想走五步，你走五步，我这三步走不出来了怎么办？你走吧这很好，对你来说好了，对我又不好了，我不同意，不同意你就打我。这不就成武化了吗？从总的说你想往好处走，我也想往好处走，这个文化的思想还是一致的，都想往好处走是对的，这里面产生的矛盾又是自然的，需要什么来协调这个事情，当然该用文化的办法来协调了，甚至作战也是种文化，我想着怎么样走好我的路，你也想着怎么样走好你的路，原子弹分明是有杀伤力的，但还是把它造出来了，取

交流

得美好生活的向前过程中它还是会起作用的。用美好和谐来概括这个"文"，用这四个字来概括比较准确一点，不容易跑到这个范围之外去。为什么需要和谐呢？全人类的，你那儿美好了我这儿不美好不行，咱们大家都美好了才行。我为什么强调全人类的，文化是属于全人类的，全人类就得有游戏规则，没有规则就不行了。文在辞书上会有这种说法，文也叫文路，路也是痕迹道路。还有一种说法——文理，文理不通，文本身就是理。文和理在某一点上本来就是一个，文就是理，文的形成是理，文的表现也是理；理和文有着很深的关系，两个本身就是一个，从一边变出来的两个侧面，文理是一回事，表现不一样理解不一样，为了理出现了文，也可以说为了文，这个美好的愿望出现了规律，出现了理，摸到这个理才行，不摸到这个理，

就走不到文那儿去，就达不到美好，文和理本来就是一个东西，这个理就是道儿，从这儿到那儿去，中间得有个路儿，这个路儿在哪儿？它得有个道儿，瞎走不行，这个理就很有意思了；客观的道儿就是文理，我们人类社会如何来理解这个东西？人的这个想法，是人在认识的过程中形成的。文化在客观上就是这样，人们认识它就不仅仅是一个概念了。

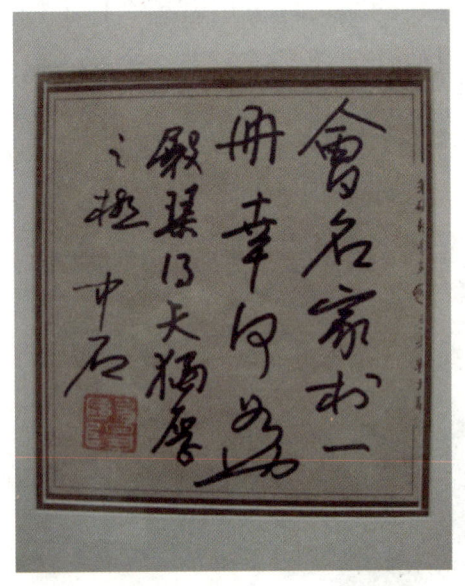

黄殿琴：

什么是书法？

欧阳中石：

有人以为书法就是写字，这个观念不对；"书法"一词的意思，一直不十分明确。很早时说写文章的一种笔法，以后转为书写汉字的一种规范。在流传中，认为如果只局限在书写法度之内会降低了"书法艺术"的高度；有人认为一幅字就是一张"书法"了。不管高看一眼或低看一眼都不关紧要，无论怎样都与书写的问题有关。规范、法度、过程、成果，应有所区别，本不是一回事。如果把"书法"概括起来，无论规范、方法、书迹、分析、鉴赏、评论、考订，甚至文字学等都积聚梳理在一起，说这是一门"学问"倒是很合适。不要把"法"简单的

2004年摄于家中

说成"方法",而理解为"佛法无边"的"法",可以说得过去,不会产生糊涂观念。书写的内容是文字,文字的展现必须解决实际问题,写出来让人如果不认识,就失去了存在的意义,必须写的是字,写出来的字还应尽可能地好看,否则就会降低它存在的力量,书法技艺是在人生阅历、自身文化不断丰厚之后而日渐完善的,写出的字必须正确、美观,怎样才能正确、美观,就需从多方面考虑,字的形体、字意的组合、辞意的合时、合体。字的形体是重要的一项书写内容,在历史上有成功的规范,历史上早已经有了评定,不能粗疏任意,世界上所存在的学问,一点瓜葛都没有的学问几乎没有,对于一个文化人来说,许多的学问不能是无用的,有些是近距离的,有些是直接的。诸如文字学、文学中的诗、词、曲、联,字体书体的历史、美学、哲学、品鉴理论、行款格式、称呼仪礼、纸墨笔砚都有许多讲求,都是必不可少的知识。"书法"是一门有关书写的学问。

欧阳中石与黄宗江

黄殿琴：
什么是"法书"？

欧阳中石：
"法书"，通过"书写"而形成的"书迹"。过去称赞比较"好"的书写作品，说这是一件"法书"，意思是：这是一件可以作为"法式"、"榜样"、"范本"的作品。这种"作品"之所以被称作"法书"，说明它本身已经是一件很有价值的"艺术品"了。在这种意义上，"书法"是关于艺术的一门学问，通过这门学问的研究，要求有所"落实"，要落实到"作品"之上，这是研究这门学问最直接的一个落脚点。学问的发展，越来越细，越来越深入，表现的侧面越来越多。要求把许多的方面都集中到一个人身上是不现实的，社会在进行着各方面的分工，互不偏倚，互相尊重，从不同的方面集中成一门学科的研究，必会取得好成效，"理论"的研究和"实践"的实际感受经验结合在一起，在相互印证参照中得到全面收获。

为中国书画艺术鉴定研究中心揭牌（左一：欧阳启名，左二：韩启德，左三：杨新，右一：王文章，右二：欧阳中石）

黄殿琴：

在您看来书法是什么？现在您想的是把"书"这个事儿深入到各个学科中去，把许多文化的问题都来填补它的内容吗？

欧阳中石：

书法不能简单地看作一门艺术，应该把汉字、汉文学、汉文化等看成是一个整体。从书法入手，可以伸向许多学科，也有可能是一个新学科的建立，我这些年所做的工作就在这里。

我很希望书法这门学科，能成为让中国人很快地、很方便地进入到各门类文化领域中去的一个渠道，通过对书法进一步的认识，能更好地掌握其他的文化知识。书法只是文化展现的一个形式，把这一个学科弄得充实就很好了，我多年来都想把书法用文化来充实。当然，我也觉得，我们学的文理的许多科都有些边缘的接触，也应当把这些沟通起来，也想在我们这个学科中的边缘的地方把它拢在一块儿来考虑，这对不知者会有极大的好处。写字是没有穿上行头的戏剧。戏剧上的演员是把一些极其单纯的形体穿上了服装，加上了声音加上了感情，让内在的东西都表现出来了，我觉得这个和我们所做的任何一门学问都是相通的。我的戏剧老师是奚啸伯先生，他的祖上是清朝时期的主考官。奚啸伯先生有很深的文化根基，喜爱戏剧，就做了这方面的研究；他的字写得也非常好，他的小楷，到目前我看到的，很少有人能超过他。他对京剧的理解，研究出来的东西就大不一样了，一招一式、多唱两句、少唱两句都有它自己独到的特点，少唱了多唱了并不是偷懒了勤奋了，里边是有许多内容的，一般人想不到。我举个例子来说，他在《哭灵牌》一剧中，扮演刘备。在哭关羽的时候，他哭诉到二弟的功劳时，原唱词是"……华容道上你放曹操，大仁大义志量高……"他唱到这里时，把"大仁大义……"给去掉，改为"华容道上放曹操，放曹操，放曹操。"为什么？放曹操是个错误，当时与东吴联合灭曹，关羽又立下了"军令状"，可以说是叛国行为，怎能呢？原来刘备有想法：假如杀了曹操，迎二帝还朝，刘备只能是个"皇叔"，孙权也没什么位置。这不是刘备的本意，如果太明显地放了曹操，又会显出刘备的无能，实际上也会显出刘备与孙权共同破曹的初衷。可是刘备知道关羽是个有情有义之人，而且相信关羽也能理解刘备的意思，关羽受命之后，

在后台 （左为欧阳中石、右为作者）

会想到刘备的这一隐情，只好暗中按刘备之意，把曹操放了。所以在刘备哭关羽时就把"放曹操"之后的戏词删了，糊里糊涂地过得去就行了。有些人就开始认为他在偷懒，他对大家说明之后，大家才明白他的用心之深。这种戏剧上的东西和文化里面的东西和写字里面的东西都是相通的，这不光是简单的形体的东西，他是一个整体的思想感情的东西，全都概括在里面了；奚啸伯先生这么深的造诣，他在教我唱戏的同时，实际上也是在教我做学问的道理。

黄殿琴：

您拜入四大须生之一的奚啸伯先生门下，奚先生有很深的文化素养，不仅在唱念做表方面学到了真功夫，还在音韵、文学等方面得到了熏陶，乃至到最后，连嗓音、扮相都跟奚先生酷似，是吗？

欧阳中石：

我的人生中一个很大的骄傲，就是遇到了很多很好的老师，尽管这些老师教育我的时间有长有短，但他们给予我的惠泽是无限的，应该说指导着我的一生。至乐无如读书，至安无如教子。记得，我第一次登台唱戏是1937年4月4日。对于京剧，我小时候就爱听，听完了就自己学着练，古诗是吟出来的，唱戏我也去"吟"，"吟"的时候特别有味道。我是这么认为，喜欢书法，就想着把字写好，喜欢唱戏，就坚持着唱好。

黄殿琴：

您一生的经历颇具意味：除了做学生，便是当先生，几乎没有离开过学校；教学生涯更值得称道，教书历程也十分丰富：教过小学、中学、大学、硕士生、博士生；从教小学一年级一直教到学位的最高点，教的科目也繁杂：在中小学时，教过数学、语文、化学、美术、体育、历史等；到大学后教过逻辑学，最后倾尽心力教授书法艺术。您如何看待这么耐人寻味的特殊的教学经历？

欧阳中石：

是够回味的。人之幼稚，不学则愚；学问之道，必先博，后才能精。博，需不自恃，不自敝，学为我用，有容乃大；博，展现的是一种治学精神。博综兼擅是水平，更是境界。我有个习惯，我见过的东西都要尝试尝试，我看到的东西都要动手去摸一摸；涉足之处，致力研究；在做学问、搞艺术的过程中要强调"两峰"：历史的高峰与时代的前峰。我常说不要叫我书法家，最多称我是"书学教师"，我自认为自己是一名地地道道的"教书匠"，教过大学生、研究生、博士生，带过博士后，

首师大授课

我也曾教过小学生，教过中学生。作为教师，我教过书法，也教过语文、数学、历史、美术、体育、化学、逻辑、哲学等多门课程。那时在济南还曾教了一年半的小学，是个复式班，几个年级交叉在一起上课。从一年级到六年级全都教到了，回过头看，这些经历简直是太重要太重要了，千金难买，历史创造机会让我给别人上课，也在给自己补各种课。

首师大授课

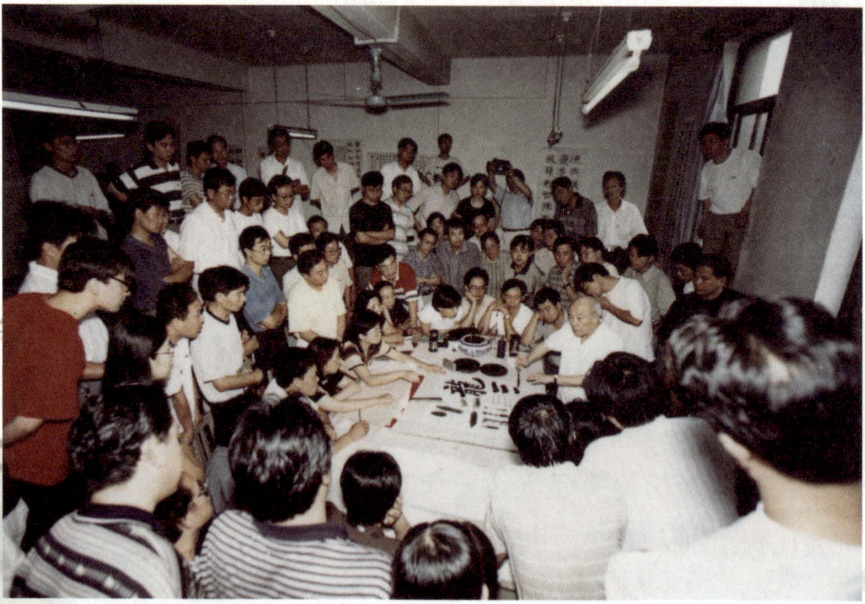

黄殿琴：

我们大家都认为您对书法学科的发展完善，为中国书法教育事业做出了突出的贡献，不仅弥补了中国书法教育的不足，还培养了大批中国书法教育的高级专门人才，为中国文化教育事业的全面发展做出了重要贡献，为中国书法史写下了光辉灿烂的一页。

欧阳中石：

不敢当不敢当。是我与众多同道一起积极投入了思考之中，努力地分别在1990年、1993年起担任了硕士生、博士生导师，由此建成了高等院校中第一个从专科、本科、硕士、博士到博士后的完整书法教育体系；2005年11月，首都师范大学还建立了"中国书法文化研究院"以及我国大学第一家"书法文化博物馆"；主编、撰写了许多学术论著，如《书学导论》、《学书概览》、《书学杂识》、《中国的书法》、《书法教程》、《书法与中国文化》等；1993年，国家为了使书法教育蓬勃发展，更加走向正规、深入，在首都师范大学设立了美术学（书法教育）博士点。1998年，国家人事部又在首都师范大学设立了书法博士后教学点，使首都师范大学成为我国高校第一所从博士后、博士、硕士到本科、大专完整的中国书法教育体系。

黄殿琴：

作为老师您认为应该尊重学生的哪些想法？可以说，您做了一辈子的教师，各个年龄段的学生都碰到了，您是很了解学生的。

在培训中心授课

欧阳中石：

刚才就有位学生拿了字来给我看，我说不要看了，为什么说看都不用看了，我曾说，你走的根本不是个"路"。我已经说过这个路该怎么走了，就该知道了。可他非要问："我这样写行吗？"这分明就是想让我说行啊，可这样你走几年准得掉沟里。我现在拉住你，你认为是我在压制你。我作为老师必须要对学生负责任，我明知道你不行，就要拦住你。如果你能斗争我我不吭声，我捂上眼睛不看你，掉沟里是能淹着人的，这就不够一个做老师的资格。真掉沟里了，掉沟里我也不理你，良心上是要受责备的。能领会的人绝对少，一个时代能有几个真有成就的？笨点的，愿意走走傻道儿，其结果却取得了成功，太聪明的都走不到头，似乎这是个规律，老师看多了，便知道这个规律。这是一个作为职业人、教育人的人的一种自我责备、自我伤心的说法。想解决这个问题很难，所以，我才懂得许多

欧阳中石与解小青

有学问的大家不轻易发言的苦衷了。迷信的说法,有一个口头禅:信则有,不信则无。到底有没有?你信,它就有;不信,它就没有。有位先生说过,信仰是去不掉的,不是说一个人信仰上帝才是信仰,信仰什么都是信仰。我信谁?我信老师,老师说的我信。他说错了呢?错了我也相信,这是信仰,这不就是信则有,不信则无嘛!我信服了,就看你这个老师说的是真的还是假的了。老师是不是懂了,老师不懂,糊里糊涂,那教出来的学生当然就更糊涂。当然,我也相信学生的路不只是限制在一位老师身上,有许多方方面面,也会有选择地吸取。也有的,就听了一位老师的教导,取得了很显著的成功,要看老师的水平了。每一个学生不是光听老师的话就算了,社会上各种各样的话都是听得到的,我只能默然。

黄殿琴:

很多学校设立了书法教育专业,学生的作品很像其老师的风格,我们怎么看待一个人作品风格的形成?

首师大授课

欧阳中石：

王羲之和王献之，欧阳询和欧阳通，都是子承父学，最终父子之间的风貌也不一样。我们大家虽然都是从传统而来，但是艺术面貌会不一样的，起初有些相似是正常的，是无可厚非的，学的路程和最后的结果不会是一样的，没有两个人的艺术面貌显得完全一样的，书法要在本体思考中实现创新。

黄殿琴：

书法、戏曲、逻辑学等方面您都有很深的造诣，这几个学科有的差异很大，比如书法、戏曲，虽都归入艺术，书法是形的艺术，戏曲是声的艺术，怎么把握它们的融会贯通？

欧阳中石：

艺术，深思起来，都是哲学。我说的戏曲"内心外现"，就是哲学语言。反过来说，哲学上说的自由、自然，也是艺术遵循的法度。写字有四平八稳之说。像盖叫天的"盖"字，上面是倒"八"字，中间是"王"字，下面是个"皿"，很对称，四平八稳写出来就显得呆板。王羲之《圣教序》的"盖"字，就让人感觉挺胸、抬头、精神抖擞，怎么写一个字，字得是活的！演员表演不能老实，要是表演四平八稳，也很难让观众喜欢。有"杂技"演员可没有"立正"演员，动作越危险，越难，越美。艺术要给人以美感。太平实，难以带来美感。只能通过艺术的方式表现，才能形成这种审美效果。艺术各有自己的一套表现样式。2000年2月，中国唱片公司出版了我的京剧音带和唱盘。

京剧《杨门女将》里有一个场面,马到山前,没道了,演员抬头打量山。其实舞台上没山,但演员脸上的表情、眼神告诉观众,眼前就是崇山峻岭。观众在看戏过程中,也跟着演员眼神跑了个漫山遍野,这就是戏曲的表演方式。表演的"表",是把内心看不见的东西外现出来,外现出来的内容,必须夸张;表演

《乌龙院》坐楼杀惜饰 宋江

中石唱念自娱

的"演",是为了内容上的加深加厚,让观众得到形象化的理解。"演",与"衍"是一个意思,有推衍的含义。京剧通过表演,把内在东西外现,让观众获得艺术美的同时;还具有教化作用。表演是一门艺术。把生活中那些色彩不那么鲜艳、层次不那么鲜明的东西,

打扮得花花绿绿，这是舞台需要。过去在农村，街头巷尾搭一个土台子唱戏。穿得花花绿绿就能吸引人，能让人看得更清楚，更能看明白，看懂演的是什么。京剧采取了一种最活泼、最成熟的方式，京剧"没有真的，全是真的"，就是这个意思，是虚拟的真实。

黄殿琴：

我知道，您这几年来一直都在考虑，也是教学当中常遇到的，从"不会"到"会"之间的距离到底有多远又有多近，这是个很重要的课题吗？是重点研究的问题吗？

欧阳中石：

从"不会"到"会"的距离，这是个很基础的问题，我要解决的是个基础问题。我现在想，这个问题对我今天教学生有什么启示呢？自师从武岩法师学会写字开始，我的眼睛就很毒了，眼睛毒了，我就能够"吃"进这一个字后，全都"吃"了。从"不会"到"会"这个距离到底有多大？吃透一个字，有时候，一辈子都达不到；有时候一会儿就达到了，这应该怎么去理解呢？甚至是说，从不会"写"到会"写"，我对"不会"和"会"之间研究总结后，对论语的第一句话就有些怀疑，学而时习之，这个"习"当什么讲？一直是讲练习与复习，复是学会了，学了还要复习，还不乐乎？如果不会，我习一回也就会了，还时习之吗，会了就不习了，会了也得习，不亦苦乎？简单的重复劳动是个很苦的事儿，所以，我在考虑这个"习"到底当什么讲？我的理解：这个习不是练习也不是复习，和学是两个概念，学就是把你的变成我的；"习"就是当通晓、熟悉、精通讲。

王忠禹副委员长参观首师大书法艺术博物馆（左一为王忠禹）

在台上

学了及时就精通了,这才不亦乐乎啊!不会,学了还是不会,最后怎么乐?就苦了。所以,我在教学中弄懂了这一点,字是学出来的,不是练出来的。练一辈子的人有的是;有的年纪不大,可是一接触就弄得很好,不是习来的,是学来的。

在书法文化研究院授课

举杯

黄殿琴：

火花是什么？焕然是什么？"作字行文，文以载道，以书焕彩，切时如需"这16字的口诀适用于京剧表演吗？"以书焕彩"的"焕"是焕然的意思吗？

欧阳中石：

火花是什么？火花是准备很久的爆发，一瞬即失、火花可以导致熊熊烈火，但火花不是熊熊烈火。电焊冒出些火也冒出些花儿，太刺眼，不好看。我喜欢火镰，还有纸媒，它们才是真正的火花，好看，耐人寻味；火花是焕然的感觉。焕然是什么？有光彩就是焕然；朦朦胧胧焕发出的一点光明，就像眼睛刚刚睁开，看见了新奇的东西，不刺眼，是温暖的，这种柔和的光明便是焕然。对事情、对学问等等，如果是在迷茫之中一下子明白了，便是迸出了火花；对情感、对喜爱等等，如果是欢天喜地的内心的欢乐,让自己忍俊不禁,忍不住想笑,那种不能控制的喜悦,喜的无穷,便是焕然着的火花。这16字口诀用来谈京剧当然合适。"作字行文,文以载道",其实就是表演中

接受采访

蕴含的教化作用。"以书焕彩"的"焕"字与表演契合,"焕"就是焕发,拿一根火柴,在火柴盒上一划,火一瞬间燃起来。一个火星落到纸上,用口一吹,不是那种徐徐的吹,而是非常干脆,"噗"的一吹,火着起来了。干净利落,不拖泥带水,这就是"焕"。孔子说"引而不发,跃如也。"焕,就是跃如状态,表演上需要这种极具爆发力的表现能力。"切时如需"很容易理解了,就是要切合时代的需要,与时俱进,书法跟上时代的步伐,反映时代的需求,才能对今天的社会有所裨益。。我一直在考虑时间这个范畴,离开时间一切都无法存在。有一次我在中南海的瀛台看到乾隆书写的"对时育物",这里的"时"应指四季之时,说的是一年的轮回,引申就是一个时代,把这个"时"字用在书法上就更深刻一些了,当然,在今天,"作

字行文、文以载道"的功能,不是只有书法才可以完成,印刷的书籍和电脑的信息化处理可以更加快捷地完成,书法还能干什么?书法可以焕发"文"与"道"的光彩。这样写和那样写,情况就不一样,把文章写得工整,展示内容的庄严,也可以用草书来写,展示内容的节奏;就是这个"彩"就是要用手展示、焕发;这里有一个最重要的原则,就是"切时如需"。

黄殿琴：

"承"和"传"、"见"和"识"、"能"和"够"这之间的关系是怎样的关系？

欧阳中石：

教书匠是两个方面的事：一个是"承"一个是"传"。承的，我是这样说了，那传得如何呢？我总括的说一句话，这些学生的成绩，这些学生本身，我拉个大帽子戴上，也可以说是我的成果，他成就多高我都可以拉过来说。可实际上不是这样，他们有他们自己的如何接受又如何传下去，他们有他们的一套。他们的时代和我们不同，他们面对的老师和我面对的老师不同，他们现在信息来源广阔。我虽然说见到了好多老师，可是究竟有一定的限制。现在科学发达了，多么方便。过去读书，要买多少书来看，要走多少路才能看，现在不用了，电脑一敲就都出来了，方便之极，客观环境优越太多。学生发展起来是自然规律，所以我可以这样说，我给同学们的和同学们给我返回来的不甚相值，他们的多我的少。所以，我是对上辜负，对下有愧。"不会"与"会"之间到底有多远，这个问题再具体化一点，一个人带着两方面能力，一个是"知"，一个是"能"，这是两个问题。"知"包括两个方面，一个看见的"见"，还包括一个认识的"识"。我们常说见识见识，就是你得先见到，见实物也好，从书本见也好，总归是你的见，你不见不行。在"见"这一点上科学带来极大的方便，电脑一敲就行了,然而懂不懂呢，这个就很难说了。这个"识"就是你懂透了吗？你见了是一个方面，你懂了不懂又是一个方面，所以是"见""识"两个方面。

作者陪同欧阳先生参观中国美术馆

"能"也有两个方面，一个是"能"，一个是"够"，"够"和"能"是两个事情，"能"是我会了，好不好、够用了吗，满足吗，不敢说。能"够"了，够上了，就是得到了，达到了这意思。"见识能够"四个字，一个人身上需要把这四个字都弄清楚，见识能够。光见了，识了，不能等于零；知道了也会了，好不好、够不够，成问题。所以，我们古代人创造一些字词很了不起。这一个够字，大家谁研究过这个"够"字当什么讲。仔细想想我们古人早已经研究了，这个"够"在古代的时候和勾是一样的，是个声音；多，富余了，这是够。达到了、满足了，这是够。

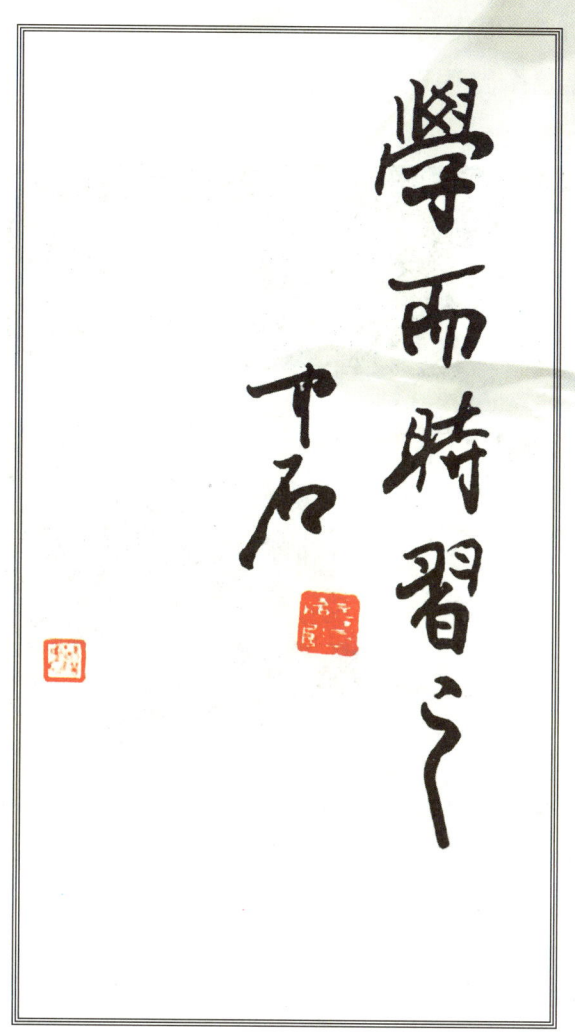

2006年书

为什么就把能够两个字结合成一个字去理解？他有他的内容啊。这就看到我们的认识，一些人许多字不识却瞎来。所以我说，我们对于学生的教育、传授，见很容易，识就不太容易，能不能很轻易地、很方便地就让他懂了呢？我记得一开始要在电脑里头做出中国古代重要典籍，当把书架上第一格里的书做完的时候，在人民大会堂有一个学术讨论会，在讨论的时候大家有个担心，我们这儿做出来了，盗版马上就出去了，这是个很重要的问题。我觉得这不是个重要的问题，如果它要不是个好东西，就不会有人做盗版，盗了干嘛呀？虽然还不算好，但是它起了一个什么作用？它把中国古代重要典籍推广了，作用并不坏！当时，张岱年先生说，我在懂这些重要典籍的时候，是在书架上，翻检查书，一行一

行看文章这样得来的,很慢、很费劲,可是查着查着,我也查着它了我也懂它了。这个路程现在变成一步到位,马上就达到了,

欧阳中石与张耕

现在查一个"学"字,一敲电脑,突、突、突所有字体的"学"字都出来了,很好啊,但是懂不懂啊?当时,我坐在张先生对面,我心里就说老师这可是咱们教师的本行,是哲学上的问题。那次从会下来我就想,这个我们责无旁贷,应当思考这个问题能不能解决。我现在摸到"见识"、"能够"区分开这两个事情,再把"见"和"识"、"能"和"够"区分开,这些应该说是我在这个问题上摸索到的一点进展。我的进展是什么呢?"知"这个方面"懂"这个方面和"能"的关系,两方面互相因果、互相参融。

黄殿琴：

我们总说要继承传统，究竟怎么理解什么是传统？

欧阳中石：

说到传统，我们就认为是古代的。实际上，传统是从古代就有一直到现在还存在，到明天还要得到发扬的文化或精神。当然，传统是会不断改变的，但是总是在向前走的，总是在坚持着美好的。艺术只是说把这种美好形象地表现了出来，让人们可以看到、感触到，对于思维的训练有着不可估计的力量。京剧已经发展了200多年，历史较长，许多有代表性剧种的优点都集中到京剧上面来，尤其是优秀的传统剧目更是脍炙人口，词曲都成为典范性作品。近年来，艺术家们遵循艺术规律，创作出很多新剧目，新编历史剧《晋德裕》就很不错，于魁智、李胜素演得都很好，他们努力不辜负时代，推动京剧向前发展，单就从敢于创新来说，就该获得充分肯定。有人评论新作品词曲不如经典传统戏典雅、精美，有不同的声音是很正常的，这都是热爱的声音，只是热爱的声音不同、角度不同罢了，其实在热爱京剧的精神上是一致的。对于这些新作品要有科学态度。戏曲、曲艺界名家辈出，票友多，而且是名票友多，对唱腔艺术都有相当精到的研究；懂行的戏迷也多，台上演员哪怕出点小差子，他们都能看出来，不要一下子就评价为最好，有些小毛病、小不足，也不要过分挑剔。有些整理改编的传统剧目是根据观众需求改进的，这是时代发展的要求。无论新创还是改编，好的就保留；不好的自然就淘汰了。前辈们把最有智慧的内容留下来，后来人要继承好，然后不断琢磨，加上自己的智慧，推动创新；京剧要不断的向前发展，首先要继承传统中的优秀成分，这些内容想丢都丢不了；其次也要在新的艺术思想指导下努力接受新的东西，勇于尝试新东西。取不同剧种之长，取各流派之长，不断赋予新内涵，是京剧艺术丰富多彩的必由之路，很多戏都是从歌剧等其他剧种改编过来的。《铁道游击队》融入了流行音乐、话剧中的艺术表现手法，无论是流行音乐还是话剧都可以融合，融合的好就越多越好，关键是好，这个最重要。一切为观众服务，观众说好才是好；作为观众来讲，看了满意就是好；从艺术的角度讲，用的方式最简单，让人获得的感受最丰富，就是最好的。作为一个教书匠，从这个身份来看，我该感谢京剧艺术节，它对于普及京剧艺术、推动人们对京剧艺术认识的深化和发展，会产生非常积极的作用。

黄殿琴：

在我印象里，许多书法家都写过"天道酬勤"这个词，我也收藏了许多书法家写的这四个字，您是怎么理解"天道酬勤"这个词的？

欧阳中石：

也许应该这样解释：天的道理是酬劳那个刻苦勤奋的人的，

在展览会上

与解小青在一起

作者与欧阳中石、解小青合影

"天"是喜欢勤劳的人的。每个人都需要勤劳。齐白石先生原来刻过一个很好的图章"天道酬勤"。可我勤不了，勤费劲，我想，勤不一定是达到一个事情成功的关键。勤可以是一个条件，却不是最关键的条件，最关键的是什么我也说不明白，总觉得想尽最好的办法，挑选最好的道路，最快地达到。要经过挑选，没经过挑选是达不到的，一勤，不管怎样就行了吗？不是的。一定要选一个最好与最近的道路，是直道。

2009年春节在蟒山

天道务直，直道最近，从不会到会这个之间到底有多远又有多近，教学的目的不单纯只是让学生们增加知识，还有重要的一点是提高能力。提高到什么程度呢？增加知识不难，你跟他说，他就增加了，哪怕他会不了多少，但也不是减法，不能讲一个忘两个，不可能这样。让他增加知识容易，可让他会就难了，会是能力的问题，到底要走多远的路，到底要走什么路，这是关键。从理论上当然知道，两点之间直线最短，可怎么才能走直线？走直道，直道最近。

摄于北京

黄殿琴：

说到天道酬勤这句话，只有勤行吗？有了勤就行了吗？就以写字说吧，有人写了一辈子都不管事，够勤的，可是就是不行；有人没走那么多路，没怎么练却行了。这是怎么回事？观点从哪儿出来的，这是怎样的一个问题。勤是不是绝对就好？

欧阳中石：

当然，无论如何是不能说"天道酬懒"，"酬懒"这是绝对不行的。酬什么？这真值得考虑，特别是在教育方面。教育干吗？就是教育人——会，更好的——会。第一就是教他——会，他把最好的学——会，有摆着的样子，从古到今有摆好的最好的样子。先学——会，学——会了，再超越再发挥，当老师的就是教学生这个的。从孔子所说的"退而省其私"道理，你教给他了，教给他——会了，他离开你的时候，再观察观察自己的行为，"亦足以发"，再能够去发挥它就好了，也就是，不是光教你——懂了，还得教你——会了，会了还要再去发展，当老师的就是这个责任。

全神贯注地做书

黄殿琴：

我经常想，有的东西，老师每天讲，可就是不会；有的呢，老师只讲了一次，到时候就会了，这是个什么道理？天道酬勤和《屁赋》与这个道理有关吗？

欧阳中石：

我念私塾的时候，一天早晨上课，老师进来，学生都给老师敬礼,这时,有个同学"噗"地放了个屁,大伙都哈哈乐了,老师说:乐什么?大家都站那儿傻了,告诉你们这是人之常情,这有文章的,当初有一篇叫《屁赋》,我背给你们听:'屁者,五谷杂粮之气也。未出之时,腹鸣辘辘,滚上又滚下。既出之后,人闻之,掩鼻而过,狗闻之摇尾而来。'"当时老师就讲过这一遍,不但我会了,所有人都会了,那时候我不过8、9岁,比我小的

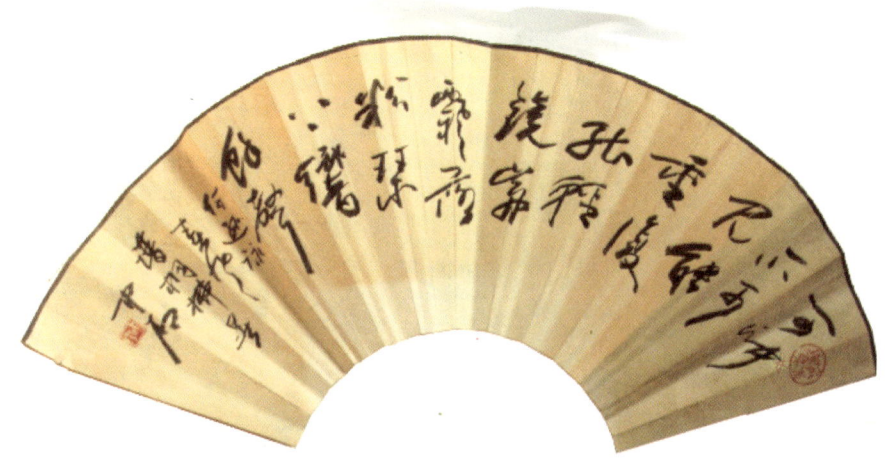

扇面

也都会了。后来,到了保定,偶尔谈起《屁赋》也是这几句话;到了通县,谈起来还是这几句话;到了南方九江等地随便一谈,大家也会这几句。我在想,引用的版本在哪儿,见过书吗,没见过,什么书谁也没见过,但版本都一样,这几句话谁都知道,老师只讲过一遍,可渗透性却是这么厉害。为什么有些东西,死乞白赖的教都教不会,而这几句不教都会,真也厉害。教学生,每个老师都有每个老师的办法,总的原则都离不开那几招,不外乎让你看见,让你操作,让你发挥,这几招到底怎么"得到"实在很难。老师要求背,背解决个什么问题呀?不知道!但有

好多问题还是解决了。小时候老师让背的古诗和古文,这就值得思考了,老师始终没讲,到现在都没有讲过一遍,但都会了,这是怎么回事?有些东西一时之间分析不出它里面到底有些什么东西,可你一下都吞进来吃了,到时候就会起作用。这个我就分析不清楚。从不会到会,这个"到"一定有个最好的办法,那就是那个"道"。那个"道"应当是天道所容。如果不是天道的话,不可能。天道就是自然之道,实际上就是规律。自然规律不是人为的规律。我只能这样解释。

欧阳先生与刘继英先生

查阅

笔记

黄殿琴：

  每当说起您的老师，都不由得说起金岳霖老先生，您都说到他是大逻辑学家，确实了不起。您曾学过金先生讲话，让他当场看到，所以，他总说您调皮，有一次他故意难为您说："我出个题目你来解一下"，那是个什么题？

欧阳中石：

这是我在教学上的一个难点。金先生是我的老师，据说有一次，他和胡乔木等人出国讲学，在他讲课的时候，突然有人举手，金先生就让他讲。举手的人说："你讲的共产主义这么好，马克思主义这么好，为什么会出现匈牙利事件？请你回答。"这么尖锐的问题，连胡乔木先生都紧张起来了，这是什么问题啊，让金先生回答，这不难为他吗，大家都为金先生捏了一把汗，看金先生怎么应对。金先生不紧不慢地说："这问题我回答不上来啊，好难的题目。"然后，站起来环顾四周，就在观众快要骚动的时候，金先生又说："我为什么就不会呢，我为什么就不能回答这个问题呢？"大家听到这些又都严肃起来。"因为，

2010年摄于蟒山（左起：欧阳中石、作者、赵李红、赵一荙）

我是从旧社会生活过来的,我经过学习,很不容易地成为一个马克思主义者,我有这种进步的经验,但是,我没有成为叛徒的经验。"这一说,在场所有的人,都目击了提问题的那个人退场。金先生的回答,真是语言逻辑太强了。

接受采访

金先生对我提出的是个又哲学又文学的题"一切切切不可一刀切"。他在世的时候我没有对答上来。他过世后,前些年,我又突然想起来了,可我还是对不上来。我就想,我这么聪明怎么就对不上来呢?哦,忽然想起来了,他错了,可他能错吗?

最后我想明白了，他也用调皮的办法对付了我一下，用个错的给我对。切切不可一刀切，那就是说都得两刀切，其实，还是一刀切。两刀好，三刀也好，都是不能一刀切也是个一刀切，都不许一刀切这句话本身就是个一刀切。我说这句话应该改成"切切不可一切一刀切"，这样说就保险了，逻辑上也不错，一切就都正常了。他能说错的吗？他当然不能说错的，他是成心别扭我一下，这让我时时记起，我的老师金岳霖先生。

黄殿琴：

上个世纪50年代初，您考取了辅仁大学哲学系，一年后进入了北京大学哲学系，主修中国逻辑史，拜在逻辑学大师金岳霖的门下（1954年毕业），说到金岳霖先生，我便想起在您最敬佩的老师里有两位老师都说过您调皮，一个是齐白石先生，一个是金岳霖先生，这里面有什么故事呢？

欧阳中石：

我小时候是很规规矩矩的，可齐白石先生金岳霖先生都说过我调皮。

有一次，齐白石先生画了个葫芦让我跟他学，我也画了一个，由于我写字写得很习惯了，画到葫芦底时就很自然地来了个方的折儿，老师问我是怎么回事，我说挤了一下，其实是我的胳膊挤到书橱上了，别不过手来了，就画成这样了。我说的是实际情况，他说我调皮，他以为我说的是葫芦挤了一下，其实，我说的是手挤了一下。还有一次，我要配个图章，欧阳中石这四个字很"讨厌"，欧阳两个字非常复杂，中石两字又非常简单，怎么弄也是偏的，我便说刻不好。白石先生说，你把

80年代探望金岳霖先生

中石两个字都挤到上面去,中石放一格里头,石一笔下来。听后,拿过石头来就刻,感觉很好,刻的时候这手累了就换那手,他指着我的手,意思是你怎么用左手?我说刻反的嘛!我也不知道怎么顺口就出来了,他便说我调皮。金岳霖先生说我调皮,是在院系调整的时候,全国各大学的哲学老师全都到北大来了,老师来的很多,学生都希望他们亮亮相,都给我们讲上一堂课,这些老师天天讲,大家都能听一听,同学凑到一起,我就可以用戏剧的方式模仿老师们的讲话了,有一天在院子里模仿几位老师,我最拿手的是模仿金岳霖老师,模仿完一位别的老师,同学们就会说出是谁,当然都很高兴。我开始模仿金先生了,可同学们不乐了。我想我最拿手的你们不乐了,再来一遍,我就又来了一遍,这些人眼都直了。我一看,坏了,这里边准有事儿,一回头,金先生就在后边站着呢。他看我回头了不说话,拿着棍儿走了。我不敢见他了。在文史楼里,他走这边,我就走那边儿,看见他我就躲开,老是躲着他,躲了好几次。可偏偏有一次,上楼时撞上了,躲也躲不开了,一看不行,回头就

《白帝城》饰刘备　　　　　　《坐楼杀惜》饰宋江

走。"回来"。他让我回来，我回来了。他也不说话，就看着我，我鞠躬也只能鞠一个，也不能老鞠，就等待怎么责备了，他想了半天，冲着我的鼻子一指，你太调皮了。还有一次，我在备供楼演戏，演的是《将相和》，他在第一排看戏，看见我了。谢幕时，他冲我招手：你过来，你是欧阳中石？我说：是。唉！不行，你太调皮了。金先生说我调皮实际是冤枉的，齐先生说我调皮也是冤枉的，但是，我并没有觉得他们在责备我，作为学生我感觉亲切又感觉惭愧，他们的学问我学的很少，他们的很多东西我都没有继承下来，我愧于做他们的学生。由于年轻时，与齐白石先生的三公子齐子如交好，有机会常进齐府，虽不曾向齐白石先生拜师学画，但我有双很"毒"的眼睛，真真地"偷"到了这位国画大师不少的技艺，泼墨点染，朗然玄鉴真好；一想到这些老师的时候，我的思想都能得到净化，这是一种幸福。

金岳霖先生，他们这一代人给我们的启示就是，他们学问做得非常好，他们都是性情中人，他们活得很有内容，个个性格栩栩如生。所有学生回忆起老师来，都能讲起他们的很多故事。

与夫人在政协会上

黄殿琴：

您总是说：您真的很有幸生活在这样的年代，能成为这些大名家的学生。您说："张岱年先生也是我的老师，不管我是不是玷污了他们，但他们总是我的老师；上过课的是老师，没上过课的也是老师，对学生来讲，他们的存在、他们的著作、他们的一切都成为我们学习的内容，影响着我们的过去和将来。"刚刚谈到了齐先生和金先生，您再说说张先生吧。

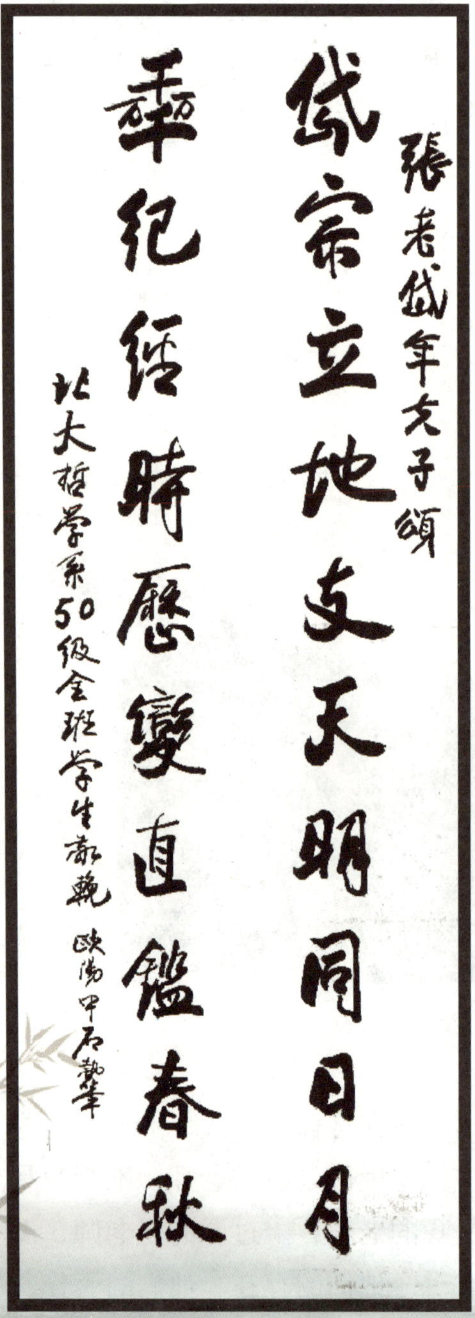

欧阳中石：

有一年，张先生要出一套《张岱年全集》，别人给写的书名，张先生看着总不高兴，他要求让他的学生去找"欧阳中石"给他写。我知道之后，只好遵命了。但是这个名不行，我得写《张岱年先生文集》，写完就拿走了，我是张先生的学生，他怎么说我怎么听，但是，他让我去掉"先生"两字我不听。出书时书皮儿上还是把先生两字去掉了，在扉页里面还保留着。新书的座谈会上，大家都讲话了，我却说：我没话可讲，但这个事儿我得说清，我是张先生的学生，是个不合格的学生，只能在书皮儿上"把门儿"。后来，他的碑文都是我来写的，依然觉得对老师的这种尊重还没有尽到。

为张岱年先生书写挽联

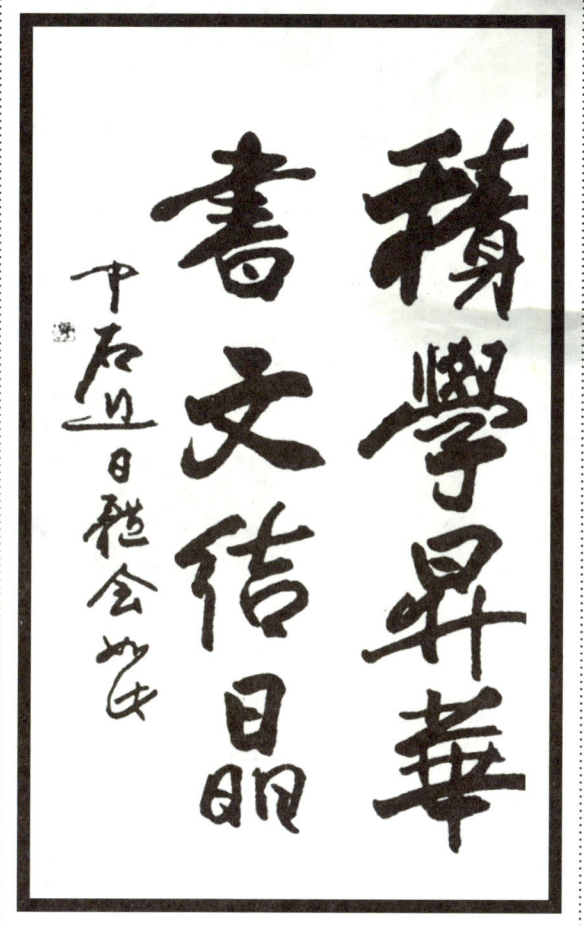

黄殿琴：

我知道在去年7月14日的那一天，您前往国家图书馆任继愈吊唁大厅，为您所敬爱的、所敬重的任继愈老师送上了最后一程；"虽在意中犹避谈；竟成天限却茫然。"的挽联寄托了您的无限哀思；任先生是您在北大求学时的恩师，我想知道您心目中的任老师是怎样的一位老师呢。

欧阳中石：

我们都在北大时，见到他的第一眼印象是，他刚和同学们接触，就显出了那种文质彬彬，走路、说话那可真是君子之风。学生们见他，一方面是亲切，另一方面是就是尊重，从思想上就尊重。任先生身边的学生说起任先生来，那可都称"咱们的任先生"。许多学生都会记得任先生一见面总是先问上一句：你的职称解决了没有？需要我做什么？等等，见到的与见不到

悼念任继愈先生

的他都关怀着，那份关心是那么的真诚，简直是真诚之极；他真是一位和蔼可亲的长辈，不遗余力的提携后学，点点滴滴都渗透着一代宗师对晚辈的关爱。我还记得，是在毕业之后了，对我来说有一件十分感激又十分感动的事情，在一次人民大会堂的团拜会上，我们碰了面，任先生对我讲：你得了书法博士点，我早就说过，早该如此，祝贺了。任先生不仅仅是我50多年前的老师，一直到现在都是我的老师。老师去了，文化重担就落在我们这些后学身上了。对于治学，我如履薄冰，唯恐对不起老师，对不起下一代学生。

会上

参观

欧阳中石与马铁汉在一起

欧阳中石与纪清远在一起

欧阳中石与沈强在一起

黄殿琴：

我知道您认为，做老师的要教的是——教共性而不是教个性；在您的教学思想里，有一个重要的思想，叫"打圆心"的教学思想，也就是智慧是从哪里来的思想？打到了圆心就有了智慧，是吧？

欧阳中石：

我在上面着重所说的这一点，攻破了从"不会"到"会"这个距离。在我的理解中，学习书法"学比练更重要"，就是"打圆心"。哪儿都要练一练，那是练不过来的。字是学出来的，不是练出来的，只要会打圆心，就能举一反三了，会了一个打圆心，你就练圆心，别处不用练，如果你能会打圆心了，别处都能打了。说不练别的，就练这个"圆心"，什么七环八环都不打，非要打这个圆心，临帖就是打圆心。我临的是欧体，会临欧体了，颜体也跑不了，扣住一家临，写出字来就是它，就够了，就这么简单。找错了圆心，再怎么练都是重复自己的错误。只有找对了，才能真正学会。哪儿是圆心？要去找，要去跟人学，要经过知识的提炼，文化越厚，知识面越广，就越能够抓住要点。我不知道我这个思考能不能成立，我希望我的学生们能够给我推翻了；倘若推翻不了，那就得承认它。怎么去推翻？不能一言以蔽之，就一句话——这个办法不行。我说不行，他却什么办法都能行，果然能打圆心了，别的都不会了，这个时候我彻底投降，我就失败了，我希望我的学生们能够给我推翻了，到现在没有谁能够推翻这个理论。所以，这个"学"，我脑子老在想这个问题，这个问题是值得一个做教师的和做过

知行

近年主教学中
深有此体会十分evident
颇慨苦～
中石手记

中石访谈

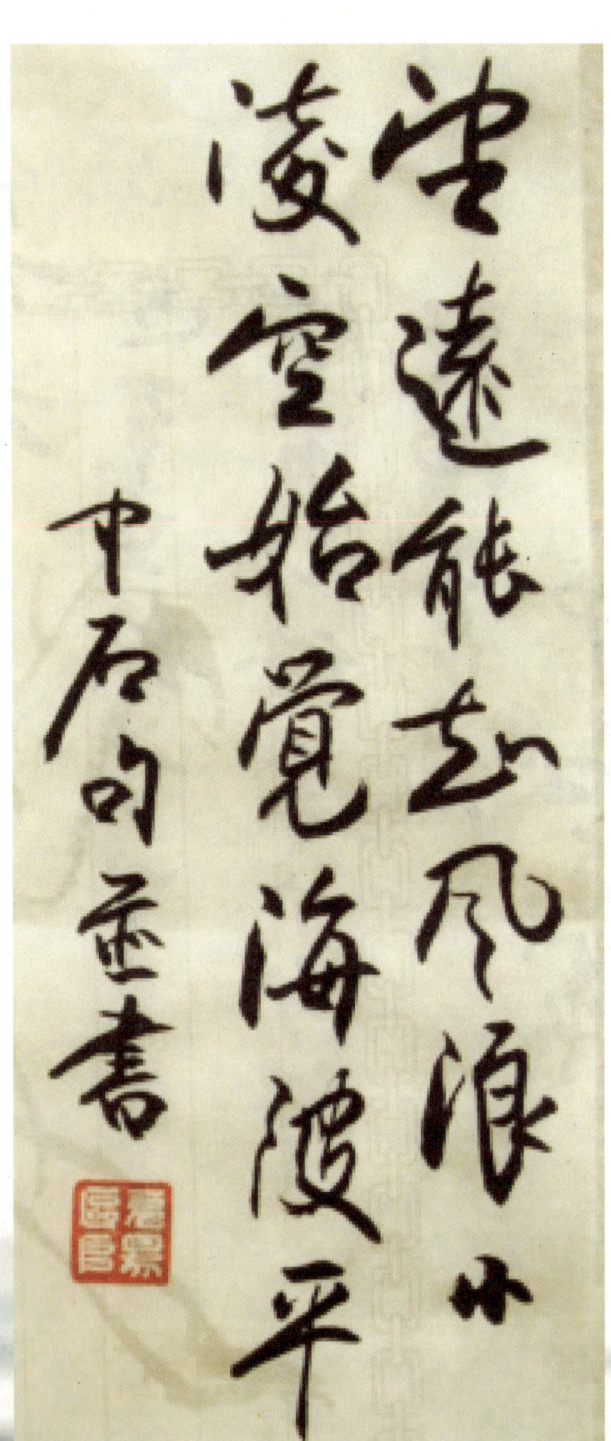

2005年摄于植物园

学生的教师的人思考的课题。"打圆心"实际上就是，思考事物本质的东西，把那些枝枝叶叶的东西撇开，把干扰的东西都去掉，集中到一个点上，其实各种事物都有这个点，所以，打圆心可以解决许许多多的问题。博采众家之长，追求取势变化，归宗二王，形成飘逸潇洒、清新多姿的独特风格。我找到"圆心"，是从王羲之的书法中领悟到了每一个字都是有生命形象体的。比如"皆"字，我写它的时候，就发现"皆"字本是四平八稳，这么一个呆板的字，在王羲之的手里怎么就变活了呢？这是怎么回事，原来他把"皆"字摆出了一个姿势，"皆"字就变成了一个活的，它就有了生命了。王羲之是把每一个字都变成活的了。我觉得，写字，就是要把一个'字'变成一个活的，变成一个有感情的，眉毛鼻子会动的，会说话的，感染人的。

我记得，在农村的时候，一位老师给我说过这样一个特殊

2005年摄于植物园

的故事。有一个人跟一位先生要学射箭，拜了师了，老师却没有拿弓也没有拿箭，伸手拿的是一根香，点着了，插在距离这个学生所在位置的五米之外，说，你看吧！大白天的，太阳正亮，看不清。那人一直看，看到晚上看清楚了，收摊了。第二天早晨起来，还接着看，从看得清楚到看不清楚再到一直看得没法儿看，看到晚上，终于看清楚。一直就是看，没有别的事，看来看去，那人说，老师别看了，我看着那光啊，跟个篮球似的了。老师把香拔起来，又走出去三步，让接着看。不拿弓也不拿箭，光看，又看了些日子，他对老师说：老师，我瞧着像

摄于家中

磨盘那么大了。老师说他不信,拿了弓箭给他,试试打打靶吧!箭过去,"噗"的一声,香灭了。老师说行了,明天回家吧。那人说我还没学射箭呢。老师说不需要了,你已经会了。这个故事对我有很大的启发,带学生就是需要带出这一点,把"那一点"盯到"看大了",那就是会了,大概很多问题都是这样的。

应该说我在学校里读书的时候是个一般的学生,不是个很好的学生;当老师了也是个一般的老师,也不是个很好的老师;但是,在这里面经过了几十年的摸爬滚打,从1948年开始教书,到现60多年了,摸来摸去,最后觉得,老师能教给学生最重要的东西,

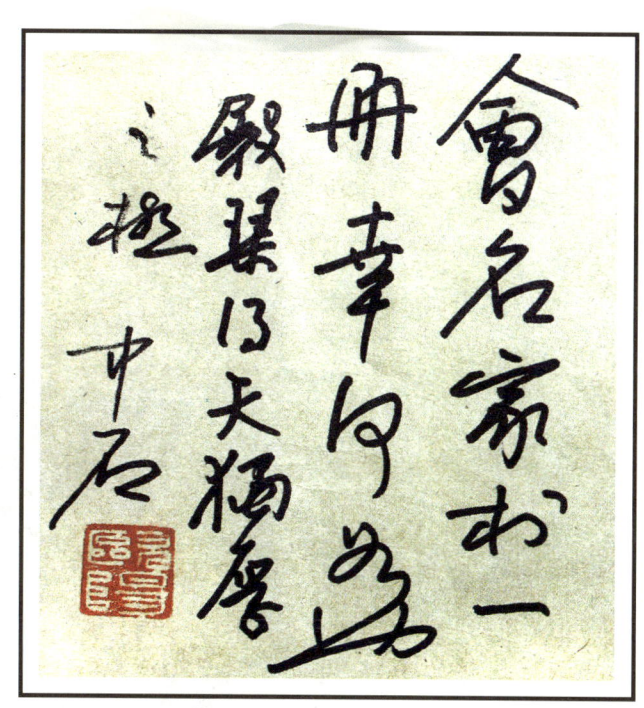

那就是要把这一点教给学生,学生才受用无穷。学生的智慧与学生的能力,自然就触类旁通了。教共性而不教个性,不是说要把个性偏废,只谈共性,是因为个性不用学不用教也不用管,个性的东西想扔掉都是扔不掉的,真要是教了也就不是个性了;但是,个性是谁也避免不了的,从写字上说,还没有两个人的字能完全一样。父亲教儿子,没有一样的,王羲之教王献之,欧阳荀教欧阳通,我写的兰亭里面有多少个"之"字,每个都

不一样，在共性的范围里，个性任意跑，都在共性之中。所以，我强调要教共性。

黄殿琴：

您说您现在很困惑，您是教了，学生学没学您不知道；您说您教了大半辈子书，反而越来越不会教了，这是知朽原因吗？

欧阳中石：

一位学生刻了一枚图章——"知朽"送我；而另一位学生问我"知朽"是什么意思。我是这样说的：未老已朽了，人没老就知朽了。我教了大半辈子的书，到今天我深刻地感觉到我越来越不会教了，也不懂教学了。教学，教学两字，就是老师教学生学。老师的任务是教，学生的任务是学，学是干什么呢，就是把别人的现成的东西，变成自己的东西，就是学。学要学两样东西：一个是知，一个是能。光知道了不能，和不学差不

2001年校友会

太多,老师要求学生又知道又能做到,这是教学的全部。老师光教了,学生也知道了,只是在许多'知道'之中,反而就乱了。老师希望学生知道,在不对中挑出对的,挑出来后又做出来了,才能变成'能'。我认为,从知变成能是打圆心的过程;我认为,要想攻击到或打到圆心那一点,百发百中打圆心的办法,而学生认为我教的打圆心的办法不行,不信服我的打圆心的办法;如果学生经过实验,学不会能,做不到能,证明我的办法不行,我推翻我投降;而是学生刚一听就认为不行,没有经过实践就认为不行;学生到头来,哪都打的着,就是躲着圆心,哪都打着了,就是打不着圆心。我是教书法的,我问学生,很多学生一问就说,什么都临过了,可是,临了半天,也许,一个字都没有临明白。我教导学生要问一问自己真正掌握过一个字吗?我相信会打圆心了,就什么都会打了,那么,学生为什么就是做不到打圆心呢。所以,我已知朽啊。教的人的工作是吸引学的人去试,学的人的工作是肯定要试,如果,学的人本能地认为教的人的方法不适合，就会出乱子。学的过程是唤起自己灵性的过程，教与学融合在一起，灵性的光就会发出来。学无止境，天道酬勤。创是学的高境界，践是学的试金石；"学"有接受学与发现学两种；年龄不同，想法也就不同，效果更会不同。只知道了不能和不学差不多，当今我国有多少知而不能的教师和知而不能的学生。我不知道说清楚没有。

黄殿琴：

您的光环虽多，却只认定一个："我是个教书匠"、"普普通通一教师"，您为何称自己是一个教书匠呢？教书匠？在别人眼里，您可是名气了得的大书法家，以毕生的实践成就了一个伟大的"教书匠"。

欧阳中石：

不能说是伟大。逻辑、书法、京剧、教学等等门类，我想来想去，自己是个教书匠，教书匠对于我是最确切的。从念小学一年级一直到念高中，高中毕业我也没想过自己将来能干什么；没有明确的志向，就是该学什么学什么，见什么都有兴趣。见了唱戏的愿意学唱戏，见了画画的愿意学画画儿，见了种地

普之通之一亦師乎之陰之自為奇之之不意作甲之意正立甘草可正呈奇

中石自況

中石访谈

欧阳中石于蟒山

的我也喜欢,一句话,对生活就是两个字——热爱,什么都觉得好玩。该上大学了,我想我到底该考个什么系呢?考中文系别的学不了了,考历史系中文学不了了,都想学学,浅尝辄止的就都学了;那我还能够再深入地去学点什么呢?哲学包罗万象,那就再学学哲学去;到了哲学系后,又发现谁都离不开的是逻辑;所以,我就又专门学了学逻辑。这里,我要讲一个更重要的问题,是在我上中学的时候发生过的一件事。我喜欢打球,本来要和别的同学一块儿去外校赛球,正要出门,老师进门了。马上就考试,发下来一张长卷子,一百个题,画正负号。要赛球,又要考试,弄得大家很为难,一百个题,很糟糕啊!我们篮球队长很快就出去了,而我直到做完了题最后才出去的。篮球队长说你们可真笨,我不到一分钟就全答完了,而且还对了一半,因为我给它来个全画"负号",再看十个,十个正的,我就六十分了,这太简单了嘛。人家一百个题,玩儿出来五十个,再弄十个，就够分了，太厉害了。当时我就不懂这个人怎么会这么聪明，问他为什么这样，他说你们不懂，这叫逻辑。我从那时才听到逻辑这两个字。为什么走上这条道路，一步步地总会有个契机，契机让我就走到这边来了。当我去教数学的时候，我就很想归队去教逻辑，可是教逻辑难道就是学逻辑的最终目的吗？应当说，最终的目的是运用逻辑；我觉得，我的得利之处就是逻辑。应该说，我这一辈子从启蒙上学开始就没离开过学校。开始上小学以后，即使是遇到了特殊的变故；念私塾我怎么有条件呢？日本人到了城里，我就到农村了，只有去读私塾；有条件了我在农村读了私塾，以后又再接着读了小学，又有条件了，又到城里来接着念中学。中学毕业再考大学，走出这么一圈，最后又是教书，教了小学教中学，教过高中再教大学，教了硕士，又教博士、博士后，真算是完成了一个全过程。对于这些经历，应当这么说：我想这样做吗？我不想这样做，我没有想到，但是，时代和环境让我就是这样做了。当时看未

济南一中校友会

必不为此而烦恼，今天回头看，是有钱都买不来的财富。所以，我觉得自己叫一个"学人"还是很够资格的，不甚好，但究竟是这样混过来的。我原来一直说自己是个教书匠，可是后来我想，我应当把在学校当学生的过程纳入进来，我就是一个教书匠了。我想来想去，教书匠对于我是最确切的。我对老师是尊重的，羡慕的，觉得光荣，但是孔老夫子也讲过一句话"人之患在好为人师"，不敢当。可是不敢当也当了，一当当了50多年。这就是我的全过程。从小学一年级到学士、硕士、博士、博士后全过程，全走过了一遍。我这一辈子，从启蒙上学开始就没离开过学校。小学，我在济南教过一年多的小学，因为是复式班，好几个年级交叉到一起上课，一年多，一到六年级全教了。硕士、博士、博士后，从学历上说，再往后就没的教了（笑）。小学和中学，我教过语文、数学、历史、体育、化学等；大学，教过书法、戏曲、逻辑学等，教过的门类确实很多。我教学生的时候，都告诉学生，一定要把学到的东西用到实践中去。举个例子，那年是戊子年，我就给学生布置作业，写一篇明年日历的第一页。该怎么写？"写"是书法方面的事，是形式，写哪些内容也就是日历第一页是什么内容，是己丑年，是牛年，为什么是牛？这是一个文化问题，需要学生自己把学到的知识用进来。

黄殿琴：

1981年，您被调到北京师范学院（现为首都师范大学）教育系，走上了书法教育之路，当时是一个什么背景？

田纪云亲切接见欧阳中石

与李铎在一起

与袁世海在一起

《龙凤呈祥》饰鲁肃

欧阳中石：

那是中国书法教育逐渐复兴的时候，我与有识同道共同承担了这个艰巨而又伟大的历史任务——开辟高等书法教育。我在中学从事基层教育工作，教过中学的各门课程。在长期从事中学教学的实践中，对语文教学中长期存在的一些问题进行了积极深入的思考，我力争让自己的目光敏锐，让自己的思维明辨，对中国语言文字特点进行深刻的理解，最后，提出了一套科学的语文教育改革方案，并在中学试点，取得了成果。我首先为在书法艺术复兴时期不懈追求的众多有志青年着想，先开办成人书法大专班，首批向全国招收近百名学生，后又发展了本科、硕士教学领域，获得了书学界的广泛支持。中国的书法教育事业不是个人的事业，要共同推动它的向前发展。

政协会上

黄殿琴：

您在山东济南参加过一个关于"慈善"方面的活动，这次"慈善"活动，有13家企业进行了募捐，每个企业都捐出不少资金，真可谓是慷慨；在这个会上，主持人介绍时称您为"爱心大使"，在台上您是怎么讲的那段话？

欧阳中石：

我的话题就从"慈善与公益"谈起，称我为爱心大使，我首先做声明，"大使"不敢当，爱心我可是感受到了。我很爱山东这块地方，也很爱这里的乡亲们，这里是我的家乡。各位领导和乡亲们都对自己的家乡，愉快地掏出了爱心，都在和谐地创造着美好的生活，我本人也感受到了山东家乡人们的爱心。但是，我不赞成"慈善"这个词汇，"救济"这个词汇也不好听，因为大家彼此都是平等的，不是谁对谁发生了慈善和接受了慈善。我觉得愉快的、亲切的接受是平等的，可怜谁与谁受到了可怜，都显出彼此很疏远。捐赠的单位也不应该表现的是可怜被捐赠人的姿态，拿出钱来是应该的，也不是什么太了不起的、多高尚的事情。慈善总会，宋庆龄基金会，红十字会等等这些慈善机构，对于慈善这项事业孜孜不倦的追求是好的，慈善本来就是件大好事，但是，慈善这个词汇该换一换了，不要再延用老的词汇，用一个新词吧，比如用"社会公益"取代慈善就好听多了。新社会的新事，要用新词来说，借用旧词做新事，就总是觉得别扭，新事、

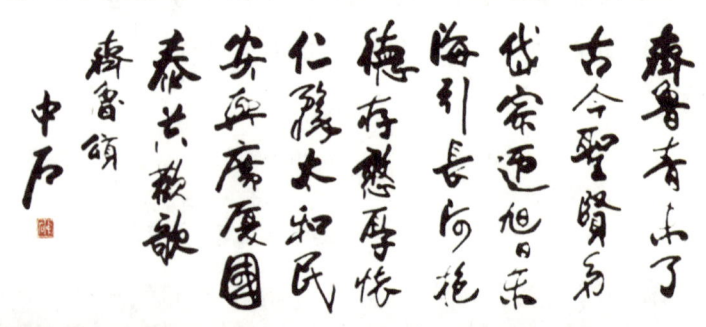

专心作字

好事与旧词,要调整过来就更理想了,这样才会和谐。我崇敬着培养过我的学校和老师,我只是做了一点点我应该做的事情。

黄殿琴:

在一次会议上,您开场就说,今天,我来讲一讲我所想的问题,我想讲一些外行话。我想,对外行人而言,这些可能是内行话,而对内行人来讲,就应该说是外行话了;但是,我们不要小看外行话,有时它可以把问题讲得更清楚。我想说的就是,外行人对我们的事业的看法。由此,我想知道您究竟说了怎样的"外行话"?

欧阳中石:

外行人,他们虽然不去研究哪一笔怎么写,哪种纸好用,但他们每天在对我们进行着品评,我们的作品是成功还是失败,他们的评价是很准确的。他们说谁行谁就行;要说谁不行,大概就是不行。这一点,我们应当承认。有的时候,我们可能执拗,觉得他们并不真正懂,但是也不见得。社会上有句话"曲高和寡",这个"和"到底怎么讲?是曲子高了,唱不了我们这样呢,还是听懂了也叫做"和"呢?如果说,一个人唱得那么好,另外

所有的人都唱不了这么好,这是"和"的一个含义。一个人唱得好,有很多的人听得懂它好,这不叫"曲高和寡"。应当承认,这是个至理。如果我们自己说自己是"曲高和寡"的话,这是我们认识上的错误。懂我们东西的大有人在。我们可能并不认识他们,但他们却对我们很熟悉,我们达到一个什么样的高度,他们是知道的;差多少距离,他们也是心里有数的。所以,我愿意做外行,外行是很了不起的,只有说人家的资格,没有被说的资格。我说这话的意思是:我们只有把自己的艺术生活和社会生活联系在一起、融化在一起,我们的艺术实践才会得到社会的认可,艺术的价值才会得到体现。所以我想,经常搞书画的人,不应该让思想老沉浸在书画之间。社会是一个什么现象?放在整个历史中,它占一个什么样的位置?人们也许并不十分清楚,至少是不大关心。

黄殿琴:

在一次全国性书法展览中,有参赛者事先从字库里选字,

交流

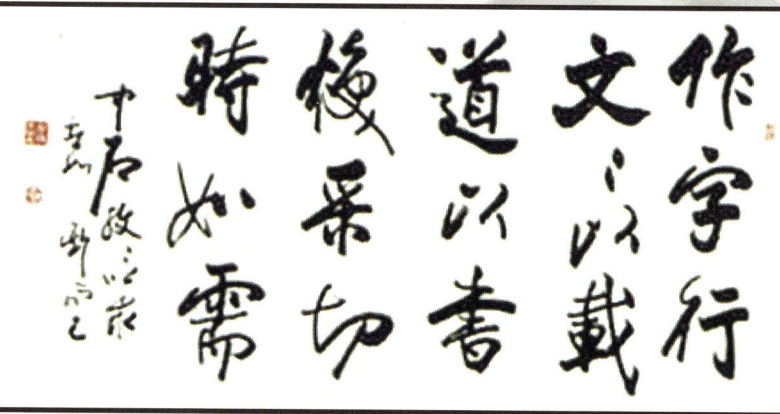

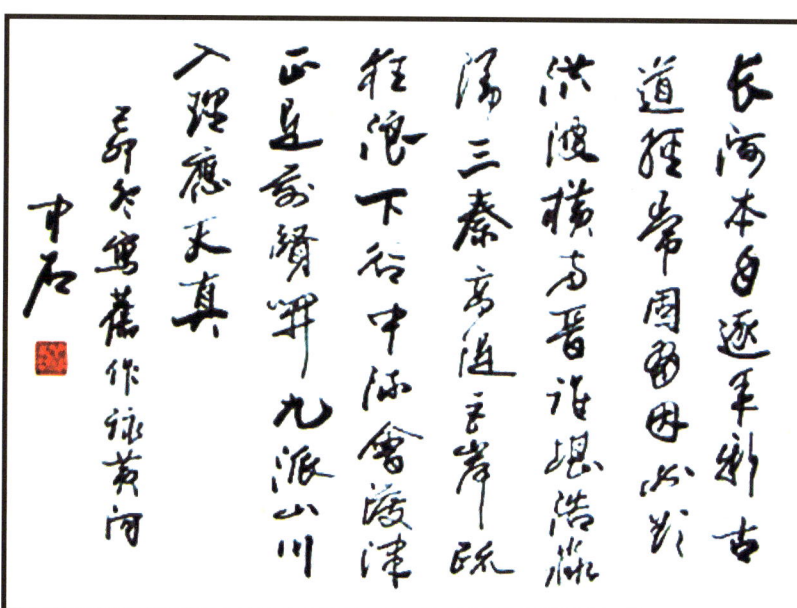

然后再经过电脑软件进行处理，设计成一幅布局谋篇非常不错的书法作品，然后照此临摹，选取一张作品参赛获了奖，您是怎么看这件事的？

欧阳中石：

经过这样的制作，效果是好的，我觉得是可以的。只要制作的好，表达出的是一种美，就好！至于经过什么过程，可以暂时不计较。今天是制作出来的，明天就有可能是创作者通过自己努力达到的。艺术作品表达美好是我们的追求。在艺术的发展过程中，爱好者多了，思路就会宽阔，哪种想法都会有，对于每一个人应给予足够的尊重，相信大家不会拿自己的艺术生命开玩笑，都是在追求最美好的境界。至于到底是怎样的结果，历史无情又公平，一时和一阵是不算数的，一种情况是不能作为标准的。要相信每个人的思维，让它去飞翔。但是，我们希望他们在传统的基础上，一直向前走，要走到时代和历史的新的高度。

黄殿琴：

对于"书"与"画"，专门的研究者可以给它们很多解说；您认为书画的问题是文化的问题，为什么？何为"艺术事业"呢？

欧阳中石：

我想，"书"是人们对于事物认识的记述的显现，怎么把它记录和展现出来代表着人们对事物认识的结果。画是人们对于事物的形象的描述，好像我说的是外国话了，不大像我们日常说的话，听来好像很玄，实际上，这是社会对于我们所做具体的事情的一种界定。书也好，画也好，都是人们认识的结果，人们需要把这种认识传达给同行，传达给不同行，传达给社会。于是，就有了各种各样的办法，搞物理的有物理的办法，搞化学的有化学的办法。搞画儿的办法，是画出它的形象。搞字的呢？就要把它的内涵勾画出来。书法要借助于文字；绘画要借助于

形象，这是我们在社会上要起的作用，或者说，是我们在社会上的位置；现在，常常把这两种事业归划成为艺术事业。何为"艺术事业"，它给予我们反映的东西是认识当中的东西，而不是客观存在的事物。农民种庄稼，拿给人们的是庄稼，我们不能真的遍地开庄稼，所以画出一个庄稼；自然的山间有小路让人走，而我们画的山不能走路，但同样要有路。我们为什么要这样创作这些东西？缘于社会，是人们需要看到它们，感受它们，这是社会的需要。作为一名艺术工作者，如果不理解这是社会的需要，不把它上升到一种社会要求的文化现象来理解，恐怕做不好这件事情。我来举例说明：假如现在是冬天，但人们要看见春天的形象，自然无法显现，但是人们这时需要看见，这就要求我们的画家画出一个春天，画出来的春天当然是假的，但却要让人感觉画出的春天要像真的春天那样美，甚至比真的春天还要美得多。即使真的春天，里面也难免会有不大景气的角落，而我们所画的春天不要画那些不景气的角落，哪儿景气画哪儿,把几个景气的地方集中起来并表现出来。所以说,我们有时用画制作出来的景象,要比真的景象还美。

黄殿琴:

大家都知道,书画同源,您觉得为什么是同源呢?您说把"书"和"画"都纳入到文化的背景中来,统一地观察和考虑,画的价值与书的价值就鲜明了,为什么?

欧阳中石:

"画"和"写"是一回事,是同源,表示的是一个内容这两个字都很古老,先看"画"字。部首应归"田"部。"画"原来是就"划田"来说的,种的田要划分成许多块,划分的这个块就是"画"。什么是"写"呢?"写"

作书

和"泻"原是一个字,是说把一个东西放在那里,《说文》讲"置物也。"画一头牛,不能真牵一头牛来,而是放一个代表牛的东西,即一个符号。画一个符号,也就是写一个字,所以"写"和"画"是一回事情。都是把一个另外的东西放在那里,拿一个代表,这个代表就是一个符号,把很方便的一个符号放在这儿。那么,放什么呢?我们不能拿好多的画到处跑,把画简化压缩,逐渐抽象,最后成了字;把画得很具体的一个形象放在那里就成了画。所以,"书"与"画"都反映客观事物,都表现了人们对客观事物的认识。先民想了很聪明的办法反映自己的认识:比如,画"牛"就抓住它朝上的两只角;画"羊"就抓住了两只向下耷拉的耳朵;画"马"不好画了,因为和骡子、驴等都分不开了,但是先民有办法,侧过身来画,画出蹄脚、尾巴等的不同,就把这几种相似的动物区分开了;

画"水"就画个水的样子;画"山"就画个山的形状等等,不一而足。有书有画,书画同源,只是同源而异流,书是书,画是画。虽然开始是一个源头,但究竟走上了各自的发展道路。人们对社会进行描述时,便采取了书与画等这些办法。为社会、为人类提供符号,对真实的东西进行加工和创作,使它们更美,以更美的形象来满足人类对美的需要,用我们的条件为社会和人类贡献出美的作品来,这是我们的任务。美是一种感受,是根据一种东西而产生的一种美的感受。画要像事物本身,人们才感觉到美,这是因为人们创造的艺术形象没有离开事物本身。当然,画马不像马,却让你想象它是匹马,让你感觉到美,许多人在这方面进行了探索,这当然无可厚非,每个人有每个人的追求,思维是无止境的。我们暂时认识不到的,不能说就是不好的,只能说还不理解,过一段时间我们或许会有新的发现。但是,我们理解的"美",只是我们理解的"美"。我们的画是一点儿也不错地描摹事物,最早繁缛,以后把它简约化了。画匹马,不一定要数清楚马的毛有多少根才如实地画出来。我曾经见到齐老先生画蝉,特别是蝉翼,他可以把翼纹画得精细至极,以至细密得数不清,但是,我也见过齐老一抹就过来的蝉翼,也那么好,只压缩到一两笔上,

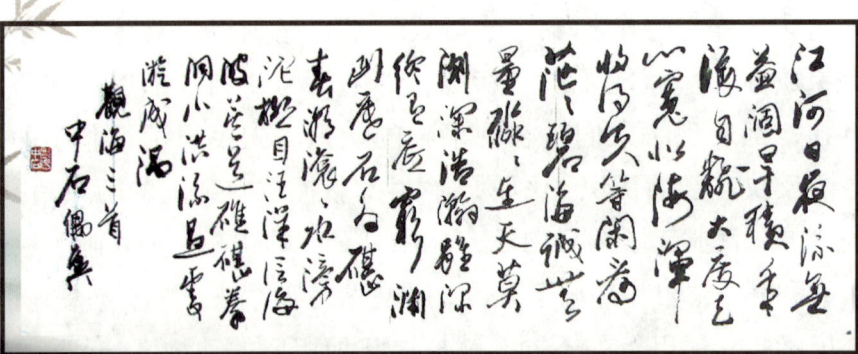

那么精到。我感觉，在艺术上，越简单越高明。艺术手法最简单，产生的效果最丰富，是最了不起的。如果用的时间最多，产生的效果也最多，两够本，谁也不亏谁；如果产生的效果最复杂而用的时间最短，就"赚"了；如果花了很长的时间，画出来的东西却没人要，这就太不合算了。我想，真正的艺术品是手法简单而内涵丰富。

黄殿琴：

考您的博士生，是公平竞争吗？

欧阳中石：

1995年，第一次招收博士生时，报考的人太多了，为了避免在招生和教学中出现差错，我决定自己不命题，就请了蒋维崧、金开诚、冯其庸、王学仲、沈鹏等山东大学、北京大学和山西大学等院校的十几名著名专家、学者组成了博士生考试咨询委员会，负责命题和考试。最大限度地体现了公平竞争的原则，这个办法一直延用到今天。

作字

中石访谈

> 辈子孙凝聚一体历千百世而弗替四极源远流长之所以也
> 千秋功罪自有史家云论与历史生民皆永有自脉系祀之奉之功追形之鉴之后人之祈前人追远之礼俦如此也
> 清乾隆甲申岁于大庙二百四十年后又逢甲申春闰二月历代帝王庙重修一新择日庆典尚飨先辈前贤注藉清万众好之阎注藉新韩夏之举皇气豚之绵绵叩承东道之殿切先腾
> 一退遂归以叙之
> 中石撰

黄殿琴：

2001—2004 年，西城区政府投入巨资实施了历代帝王庙文物保护工程，包括搬迁 159 中学，腾退修缮历代帝王庙，恢复景德崇圣大殿祭祀陈设的历史原貌，举办专题展览等，实现了历代帝王庙的对外开放，在应邀出席了 2004 年 4 月 8 日举行的历代帝王庙文物修缮工程竣工仪式后，您亲自撰文并书写了《历代帝王庙重光后叙》。《历代帝王庙重光后叙》全文是什么？

欧阳中石：

"明洪武曾于南京列太昊以下历代开国之主以祀奉飨。迁都后，嘉靖重建于北京，再经有清康乾数代之修整，乃成典仪。共列祀三皇五帝及历朝各代人君

采访

歷代帝王廟重光後叙

明代武曾秋南京列太count以下歷代開國之主於祀奉饗迁都後嘉靖季建於北京再經有清康乾數代之修飭乃偉巍備各代三皇五帝及歷代帝王人君一百八十八位入正殿功臣名將七十九位入東西兩庑設闗帝廟同享祭祀於近上下五千年径遠古追明心泱泱悠悠堂堂中華一脈傳承系統儼然序列稽古径直矣

歷代帝王廟享祀人物之銓序有章有道凡我伏羲炎黃之后裔依朝代系列不論地域不分民族不求姓氏惟以史紀因襲為宗但亡國之君嗜殺暴戾之王皆不予設位奉祀可知景德崇聖是為人君之根本

一百八十八位，入正殿；功臣名将七十九位，入东西两庑；另设关帝庙同享祭祀。于是上下五千年，从远古迄明止，泱泱悠悠，堂堂中华，一脉传承系统，俨然序列，稽古径直矣。历代帝王庙，至于入祀人物之铨序有章有道：凡我伏羲炎黄之后裔，依朝代系列，不论地域，不分民族，不求姓氏，惟以史纪因袭为宗；但，亡国之君，嗜杀暴戾之王，皆不予设位奉祀。可知"景德崇圣"是为人君之根本，万民之所仰。此则天德一系，人望所归。亦我中华子孙凝聚一体，历千百世而光昭四极，源远流长之所以也。千秋功罪，自有史家公论。然历史生民，皆来有自，脉系祀之奉之，功过取之鉴之，后人之于前人，追远之礼仪如是也。清乾隆甲申，曾予大修，二百四十年后，又逢甲申。春闰二月，历代帝王庙重修一新，择日庆典，尚飨先辈前贤，并谢诸方友好之关注，籍彰我华夏之堂皇，气脉之绵绵。叨承东道之殷切，先瞻一过，遂归而叙之"。

黄殿琴：

《历代帝王庙重光后叙》是您在书法艺术、国学功底和学识见解的完美结合。深刻揭示了历代帝王庙的文化价值，字里行间渗透着先生精深的国学功底和高远的学识见解，不仅对后学启发颇深,也为不少史学大家所赞叹。《历代帝王庙重光后叙》是您怀着对历代帝王庙这处珍贵文化遗产的敬重之情和对西城区政府保护举措的首肯之意书就完成的,您为之倾注了很大心智,推敲文稿,字斟句酌,三百八十字的《历代帝王庙重光后叙》一气呵成,是一

篇足以传世的精品力作。原作已珍藏于西城区档案馆,并经过精心设计在《历代帝王庙》一书中发表,其思想内涵之精深,书法艺术之精湛,尽显了您的大家风范。这之后,您为李大钊故居又书写匾额吧!您为弘扬中华优秀传统文化,全力支持文物保护工作的无私奉献精神和崇高品德,令人钦佩。

欧阳中石:

实在是不敢当。李大钊故居位于今西城区文华胡同24号,这里是李大钊一家1920年至1924年的居所。李大钊在此居住期间,是他人生事业的黄金时代,为传播马克思主义、创建中国共产党、建立国民革命统一战线,巩固和发展国共合作、领导北方革命运动做出了巨大贡献。西城区委、区政府高度重视李大钊故居保护工作,2006年开始居民搬迁、修缮故居、恢复

原状、举办展览，2007年5月8日李大钊英勇就义80周年之际正式对社会开放。这是件大事好事，我一定要完成"李大钊故居"匾额这项工作，我要在字中饱含出对伟大革命先驱、民族英雄的景仰之情。

黄殿琴：
您说过，画上的字是绝对不能随便题的，请您讲讲画上题字的问题。

欧阳中石：

很早以前，没有在画上题字的风气，作者自题或欣赏者题字的风气是逐渐形成的。我想，无论谁题或怎么题，都应是为作品增加美感，这个思想要非常明确。如果这张画不题字最好，那就不题为好；要是题字能增加美，那就题上；如果这张画不题字还行，题了以后反而糟了，那就不能题。当年宋徽宗有张画《雪山图》，被天津的一家人在地下保险柜里收藏着，结果被水浸了，打开一看，一个月后可能就会被风化了。后来，这张画拿给一位书画鉴赏家，鉴赏家的夫人临摹了下来，让曾见过真迹的人再看复制品，结果都觉得好，并都争着在画上表态度。当然，他们所题的字都在裱画的边缘上，并没有影响到画。我曾见过此画，题字和画都有欣赏的价值，很值得一看。我想，这也表明从事书画所能够感悟的社会生活，应该这样来理解我们的工作和事业。画面上题什么，不题什么，都大有讲究。据我所知，宋朝时和我们今天不一样，不是把一张画挂上很长时间，而是每天都要更换。每天两件事：一是扫地，一是挂画。所挂之画要依所来之客而决定，可见，画上的字绝不能随便题。

黄殿琴：

画家齐白石不能算是哲学家，但哲学的道理，他是深刻地懂得的；哲学家艾思奇不懂得绘画，但他深刻地懂得绘画的道理；画家与哲学家，这两位大家真切的告诉我们，社会上的真理、学问上的真理、艺术上的真理，人们在从不同的角度探索着；这是怎样的两位大家？他俩之间有着怎样的故事？

欧阳中石：

艺术本来就是满足人们美的需要的，而我们作为艺术工作者，就要制作人们需要的这种美，如何认识人们需要的美，如何理解它、表现它，对此不学习、不研究，不知道大家怎样表现它就不能满足人们的这种美的要求。当然高明的艺术家也许可以满足，但是，稍差一点儿的就满足不了，人们欢迎能满足他们要求的艺术家。这些思想和内容，应该说都是文化问题。如果不能用文化来满足它，如果不是各种文化融合起来结成一个整体，人们就很难达到这种认识，很难理解社会，很难理解

大多数人的喜好或厌恶。我们把书或画理解到这个高度时,它和文化就是一体了。在理解了这一高度之后,再来思考我们的书或画,就有了认识的根据并把握了大的方向。社会造就了许许多多的画家,有的堪称大师,像齐白石老先生。他的创造,他带给人们的美,为什么大家承认?就是因为他深刻地理解了人们的生活,深刻地理解了社会的生活,深刻地理解了这一切,他才有了创作的源泉,他用一支独特的笔,把他的思维展现了出来。他的观察、他的思维,是我们所想象不到的,比我们深刻得多,这是一个方面;他理解得深,而怎么样把这种理解表现出来,这就是他独特的艺术才能。我忆起早时,哲学家艾思奇先生给我们讲课,他并不大懂画,自己也一笔不画。有一天,他给我们讲观察,他说,为什么我们就没有齐白石先生那样的观察力?我们感觉很奇怪:怎么说到这儿了?艾思奇先生讲,比方齐白石先生观察的虾和我们观察的一样吗？他问我们："你们观察到它透明了吗？"我们说，虾是半透明的。觉得比他描述得还更科学一点。他又问："你们怎么知道它是半透明的呢？"我们说："齐老画的都是淡颜色，不是深墨。"他又问："那你们为什么不看成是浑浊，而看成是透明的呢？如果什么都不画，那不是更彻底地透明了吗？"我们一想："哎，对呀！什么都不画不更透明得很吗！不画虾而愣说那里有虾，那不更透明吗！"艾思奇先生问：怎么画就让我们感觉不是浑浊的虾，而是透明的呢？我们说墨色说形状，说了半天，他一直摇头。他讲："你们都没有抓住那一点。仔细看，虾头上的那'一条'，有点儿洇又不洇，用浓墨画了'一条'，还有点儿弯曲。你们注意到了吗？"我们说："注意到了，那可能是虾吃的渍泥。"艾思奇先生讲："试想，如果没有那'一条'，就是一只混浊的虾，就因为有了这样的'一条'，我们看出它是透明的，而且活了。"仔细想想，这话太真切了。我曾看过白石老人画虾，感觉他画虾时虽然很稳健，但不是很经心。画完虾之后，用笔蘸一点焦墨，不知什么时候画了那么一笔，好像是手有点儿抖，所以画得不是很直。我想，要是我们很可能会把这一笔画直了，那虾就死了，活不了了，因为画的就不是虾里面的那个东西。这使我明白：老先生画虾头上的那'一条'时，手不那么爽利；那么迟滞那么有分量都是有所谓的。我想起就在那堂课上，艾思奇先生深刻地讲明了一点："一位艺术家，一位深有文化底蕴的艺术家，他既有对社会的整个认识，又有具体的、局部的深刻认识，才有可能创造出常人所达不到的高度。"艾思奇先生没有提到他是否认识白石先生，老先生也没有提到过他认识艾思奇，肯定没教过他是真的。可是，艾思奇先生居然从社会的很冷僻的一个角落看到这个问题，他倒研究了老先生的画法。大概有学问的人都会有所得，都有一种很可贵的知识，这些应该说是人类智慧的结晶；当一位艺术家想得到极高的艺术升华时，需要多种学问来滋养。

黄殿琴：

您接待过很多媒体的采访，您总跟采访者说：有什么问题我会直接回答，想让我说事说故事，我就不想说了，人家都说过了，再拿来说，就很没意思了。要问我对一个事情是怎么认识的，我不回避，我也没隐私，我都可以说。在问与答之间，在采访者与被采访者之间，您认为双方应当抱以什么样的心态？

欧阳中石：

关于"采访"这个问题是很难说的，采访的关键问题是要弄清楚，采访者想得到什么，被采访者是个什么思想。总的心态就是不要给社会找麻烦。说了以后对大家到底有什么意义，这是个关键。我几次遇到过这样的采访者，希望我回答的问题越尖锐越好；最好是我一回答就能引起一次世界大战，才能满意。我说了：这话我不会说。对当前的事物进行评论是可以的，问谁谁怎么样怎么样，我就一概都说好。如果，要问的问题，

2010年在莽山采访

总是让我出刀出枪，那不打起来了吗。采访者和被采访者，彼此都应当注意共同的一个道理，我们是在为社会做工作，问的问题，想谈的问题，一定是社会上可以导向更和谐的话题。电视上总是报导这儿违法、那儿违法的社会现象；报假的不对，粉饰太平也不对，应当实事求是，成天这儿暗杀一个，明天那

儿打死一个，这儿撞车了等等，媒体老是报导这个，是想让看者得到什么？看到这个社会这么不安全吗，我就不敢看；让人不放松警惕是对的，老用这样的事冲击人的神经是不对的。我们不要特意去说假话，要说真话，说真好话。我们任何一个人对这个社会都有一个义务，那就是该给这个社会增加一点温暖。不是说让媒体昧着良心说好话，不是这个意思，而是期望，媒体能够产生让人有向前奔的希望。生活在今天这个时代，我们是要称颂这个时代的，这点忘了就不行了；电视台的采访者、报纸的采访者，还有被采访者，对社会都要有一个很朗健的思想。

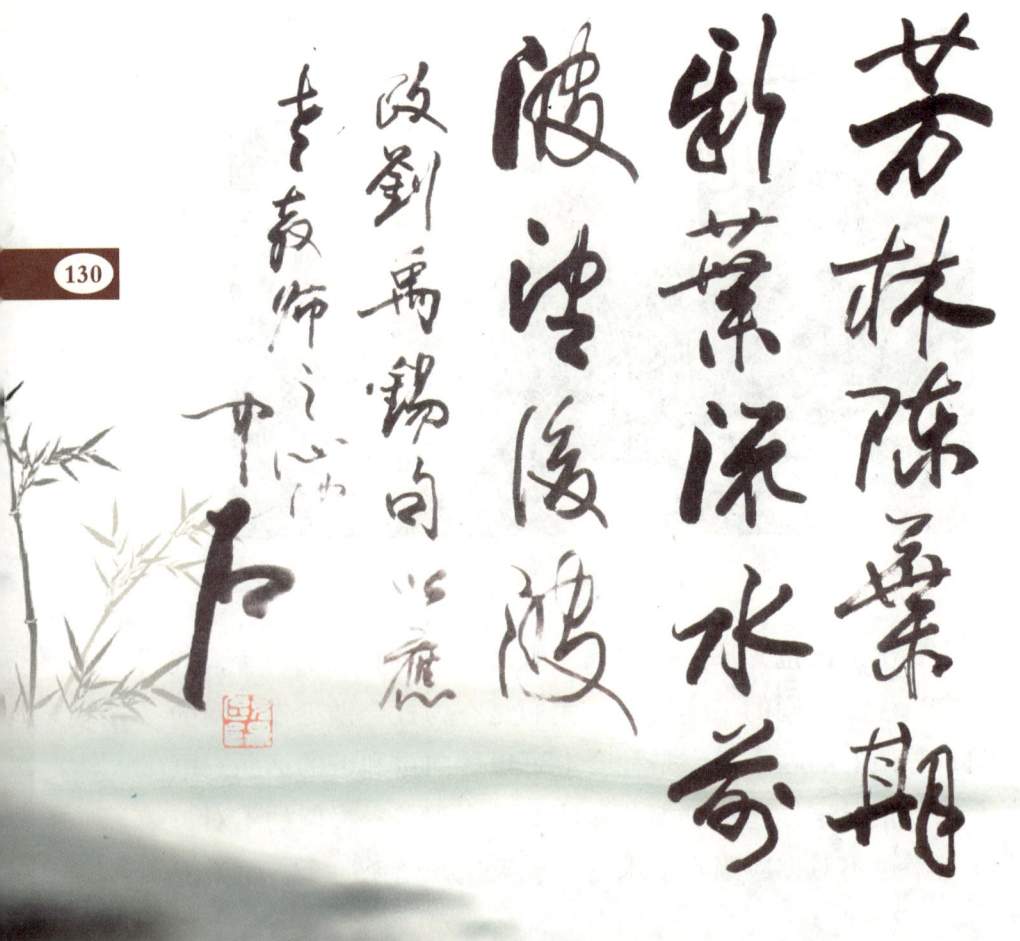

摄于植物园

黄殿琴：
　　您的人生信条是：国家是谁，社会是谁，人活在国家和社会中就会有一个公共的约定，为社会活着，为国家活着。人要注重德，"德"没有了，"才"也就没有用了。我们每一个人首先要做一个社会人，连社会人都做不到，就谈不上别的了。作为个体的人都要成为社会的人，如果，一个人不能成为一个社会的人，再有本事又有什么用，这一点至关重要，每一个个体的人都应该是一个社会的人。要成为社会的人。您说过，做事情要知分寸，要知什么样的分寸？

欧阳中石：

作为一个文史馆的馆员，对社会的许多事情不要随便表态，这是限制我吗？不是，我绝对没有感到是限制。这是让我懂得，我说话是有一定的作用的，我和不是馆员的时候不一样，在代表什么人表态，这话不是好说的。文史馆领导说，有意见应当有说的权利，你要真有意见咱们回馆里提，你怎么提都行，还可以写成文字，这样的条件还有什么意见可说，有意见可以往这里面说呀。在没有商量之前你不要表态，否则就影响大局了。我想这话是正确的。毛主席在回答他的老师符定一的时候说，第一是"德"，第二是"才"，第三是"望"，"望"就是"名望"。我知道进入文史馆的条件就是"德、才、望"。本来文史馆是归中央管的。毛主席的老师符定一是第一任文史馆的馆长。当年毛主席把他请来，说我想成立一个文史馆，安排老师这些人。符定一说："哦，我明白了，你是安排个敬老院。"毛主席说："不是，我这个敬老院应该是'德、才、望'。""好吧，我干！"符定一先生当初教过毛主席，有很高的身份和名望。结果快要开会具体

参观

植物园

商量商量的时候,文化部派人去了,他一看文化部的来了就说"你们回去吧,我不干了!"文化部的同志向上汇报说符定一不干了,这怎么行呢!还没等回复,符老先生自己找毛主席去了,说:"你让文化部来给我办,我不干了。"毛主席一看旁边的周总理,周总理忙说:"我来办,我来办。""嗯,你办可以。"这样文史馆就归国务院了。文史馆归国务院办,符定一老先生同意了,并且担任了第一任馆长,但在成立大会上他一看排的座次是周恩来、郭沫若、符定一,老人家一看这么排,扭头回去了。周恩来赶紧把他的名字拿过来和郭沫若的调换一个个儿,再去请,这回行了。对事情的处理方法,是要因人而异的,什么事情都要考虑好了,你在这个位置上周围是个什么环境,都要考虑。一个人一定要知分寸,我们在这个环境里,谁长谁短,谁高谁低,这个分寸要知道。知道分寸了就知道进退了,该往前走该往后走就明白了,不知道这个东西,出门就得撞墙。往往好多事搞不成就是因为分寸没拿准,进退没掌握好。不该你说话你还非说不可,不是讨厌吗?该让你说,说不出来也不行;

这是客观的，绝不是学滑头的意思，把事办成办好是目的。

黄殿琴：

金岳霖先生问过您什么叫"学问大"，今天您又是如何理解"有容乃大"的？

2005年摄于两会

欧阳中石：

以前，金岳霖先生有一天问我："你告诉我什么叫学问大？"我回答说"无所不知。"金先生说"可能吗？"我说"尽可能"。金先生说"不可能"。告诉你，"容"，就是学问大。我就问了："它不对，我也容它？"金先生说"它不对但也是一种说法，客观的存在，你承认不承认？" 老师的几句话，对我们来讲，是永远都用不完的。我在大学刚毕业以后的两年里，跟谁都不怕打笔墨官司，谁有不同意见就和谁干；金先生和我谈过这话之后，我就再没有写过反驳谁的文章。敢于落后，

季羡林

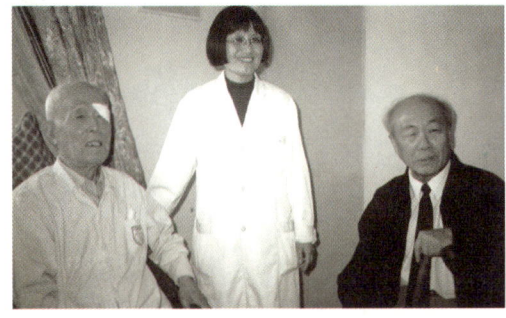

看望季老

参加季先生追悼会

敢于甘居人后。大家都谈"有容乃大",我说我只有"容",我没有"乃大"。我不知道大不大,大不大我不管,什么我都承认,这就是容。人家有那种说法,它对不对我不知道,反正他有了这种说法,这得承认,没让你说他对和错,让你说存在与不存在这一种说法,承认才叫"容"。承认,这叫有容。

黄殿琴:

"难得一见"的题字是怎么回事?学会说明白话很难,学会说糊涂话也很难,您是怎么把握的?

欧阳中石:

有个朋友给我拿了一张字,王铎的真

迹。打开看，王铎名家呀，我只能说，纸有些旧，装裱起来也很好。王铎的大部分作品是很好的，但存留下来的也有好有坏，不管对谁，这话是肯定的。看完后，还让我题词。你说我怎么题？我看了，说心里话我觉得不行，看不出什么了不起，直接说这字不行呢，我不能这么题，因为是真迹，我就题了四个字"难得一见"。我很难看到，是真的是假的我没说，是好是坏我也没说。我是不负责任吗？有多少心里话不能说，我只能这么说。所以，我就得出来一个结论，怪不得过去我们看到好多学者、真正的专家留的话都这么少，不是张嘴一说嘛，不说，为什么不说，都是有各种情况不能说。这是滑吗？不滑怎么办，我没主意，只能这样，就写了个"难得一见"。这就是我老说的，知分寸知进退。这分寸应当在哪儿，应当往前还是往后，得考虑好，不能随便乱说乱写。我说不好不行，说不好是冤枉，要说个好也是冤枉啊，他没那么好我说他

讲座

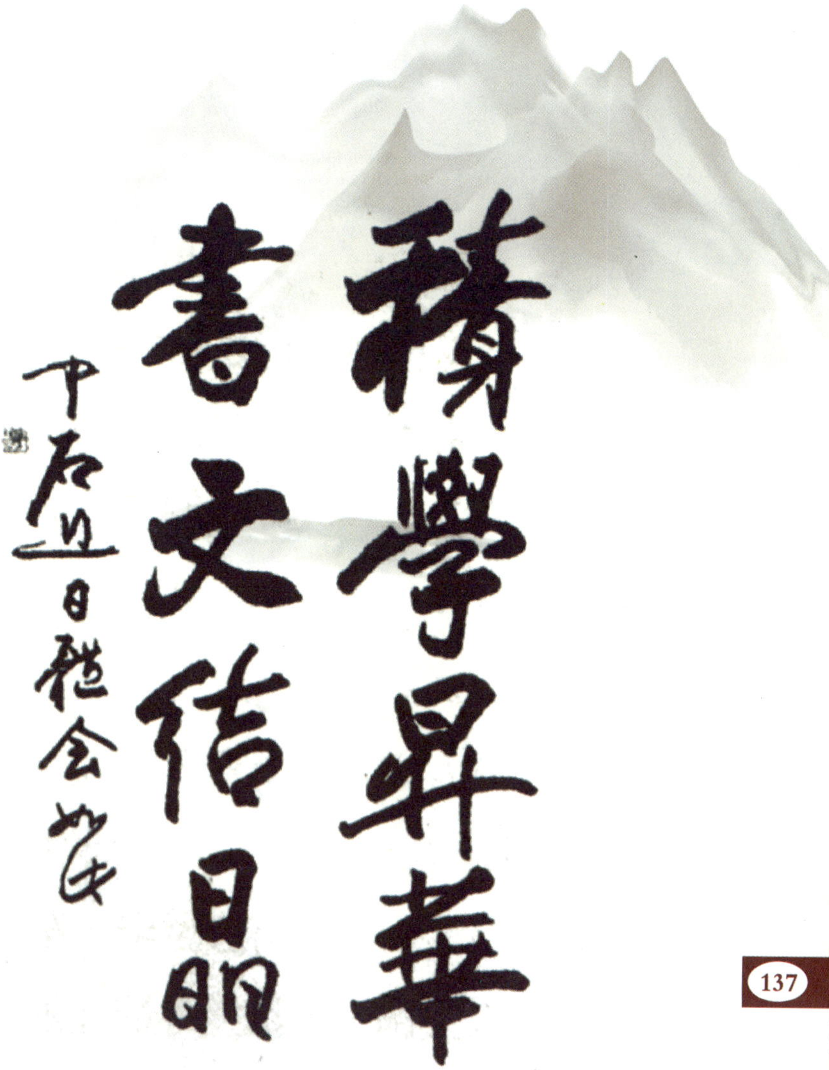

> 积学昇华
> 书文结晶
> 中石近日飞会处

好了，他比这好得多我说他不好，这都是冤枉，什么都不说比较客观。愣头青什么也不管，该说什么说什么，想说什么说什么，那就不行了。有一种人就很会说话，说出来不知道是真的假的，也不知道是对的错的，说一种糊涂话，了不起，说完了不知道说的是什么，不知所云的话，你不知道他说什么，你不能反对也不能赞成，高人也，有这种本事才能办到，要能够学会了不说没用的话，也应该学会光说没用的话，都是种学问。有一次，在一个场合里，两个人有矛盾，一个人提出意见，另一个反驳，这时候很可能就看我这个旁观者的意见了。我说东就东了，我

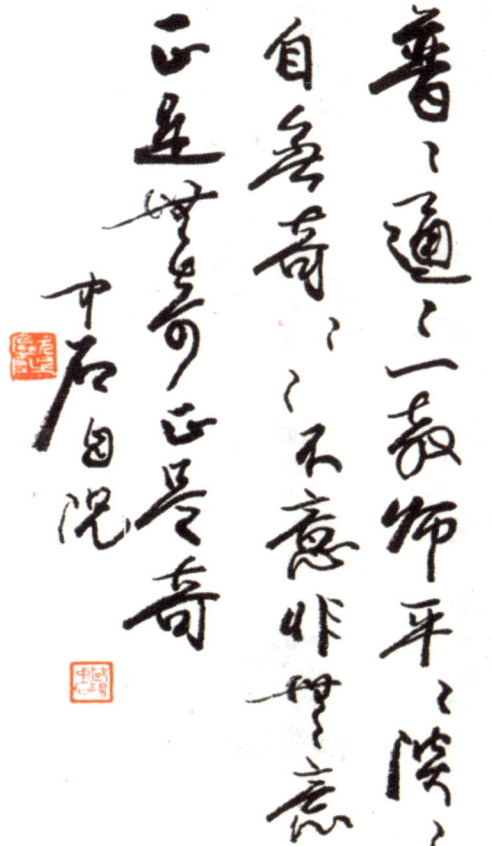

说西就西。我想,我说东就伤了西,说西就伤了东,怎么办。我就说,现在看你们两个的意见矛盾不好决定,我倒有个好主意,我说的主意比他俩的全荒谬的不得了,根本没法实行,结果这会等于没说,另出一军,显得我还挺负责任。实际不是,确实是个新主意,他俩绝对不能赞成,对谁来说都不能实现。

黄殿琴:

"化"的学问是个什么学问?

欧阳中石:

人与人之间,就要"和",不"和"的时候怎么办?要化,"人和"大家才能都生活得幸福。"化"有两种化法,一种叫化解,一种叫化和。不协调的让它变成"和"的,不能和在一块儿的让它分开就化解了。有没有不能"和"的?有!比方说,天上有两颗星,一颗叫"参星",一颗叫"商星",参星早晨出来，商星晚上出来，它俩根本不见面。不见面就别随随便便让它见了，距离很远，谁也不见谁，各人干各人的，毫无关系，该解的就得解，别随便弄到一块儿。"化"这个字多好，从那儿看是"化"，从这儿看也是"化"，怎么着都行，怎么都能调整的是个字！这就是"道"，道是什么，道是通路，是"和"与"不和"的通路，什么东西不得劲的时候一化全解决。过去我学化学时学的一塌糊涂。我就想为什么我对化学就糊涂了呢？怨我的老师，我跟我的老师非常亲密，但我也得说他不会讲课。

我从农村刚到城里的时候对化学不懂，他拿起乒乓球来："看见了吗？乒乓球，这是什么的，化学的。"拿起了雪花膏："你看这什么的？化学的。"我就完全糊涂了。后来有一个机会，在校办厂给学生讲化学原理，别人都没工夫就我有工夫。我一直对化学弄不明白你让我讲，我为难了。校办厂是个化学工厂，硫酸铜的提

纯，我就讲原理，我还得讲物体三态，怎么提纯呀，怎么化呀？都熬成汤，从固体熬成汤，这些东西就都掺和一块了，再倒盆里让它冷却结晶再变成固体，成了新的物质。敢情这个"化"，就是把什么东西加上另外的东西变成新的东西了，这就叫化学。想想看，什么不化学，什么都在"化"；比方写字，写"颜"

规范它，写得坏了，写字太胖了。再写写"柳"，写着写着就有劲了，虽然有劲了，可太直了；再写写"欧"规范规范，又写死了；再写写"赵"，灵活一下，这也是"化"呀。人的思维也是在"化"，我们现在吸取很多知识，最后这些知识都化在我们脑子中。这也是化学的"化"。

黄殿琴：

顺"天"靠"地"，对天只有"顺"，想改造够不着；对于地，只有"靠"，依靠；这是您的观点吧。

欧阳中石：

北京城是个有水之城，却是从来不淹的。我举个例子，北新桥、虎坊桥、南水关、二里沟、三里河什么意思？这都是水

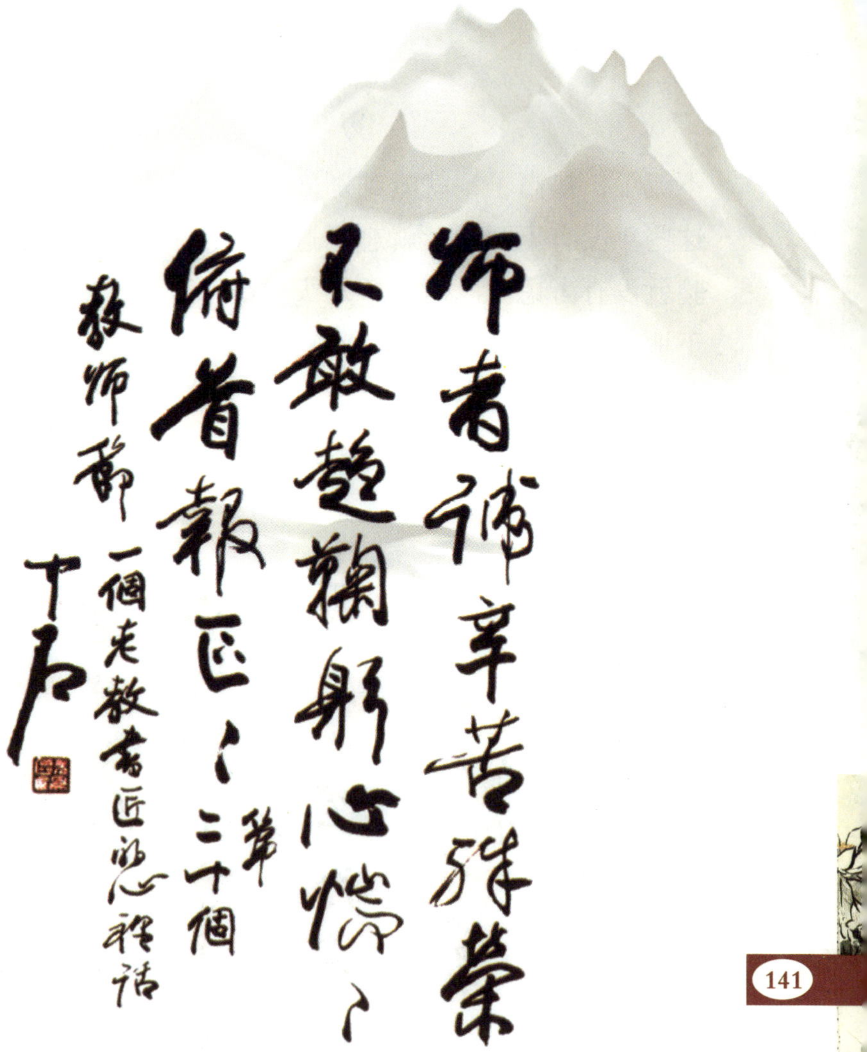

> 师者诵辛苦难荣
> 不敢趋鹊射心惚了
> 倚者报匠人三十个
> 教师节一個老教書匠的神話

道。清朝有个大臣姓苏，他就把北京的地下道都弄好了，水该怎么走就怎么走，淹不着。我再举个例子，这是我的亲身经历。沙滩路北的红楼是北京大学，北京大学的东侧是一条土路，就是所谓的"无风三尺土，下雨一街泥"那样的道儿，走在土路上一直往南，三院就是我们的宿舍，每天不是土就是泥，可是往东边就是一条沟，泄水沟。后来水不大了，就忘了这个沟是干嘛的了，就往上面修了马路了。修了马路以后，一下雨马路上的水就流到土路上，土路现在修成柏油路了，再往西一流就到了老百姓家，再有水淹就淹那儿了。本来低可以流水的地方，不流了，垫高了，就淹到别处了。为什么不注意呢？就是因为这些年没有下雨了，就忘了这个地方了。时间久了，历史的经验就没有考虑到。所以，对天只有"顺"，想改造够不着；对于地，只有"靠"，依靠。它是不以人的意志为转移的物质。在这里，人就要很善于处理，下雨就要疏导，够不着天还摸不着地吗？弄条河就解决问题了。

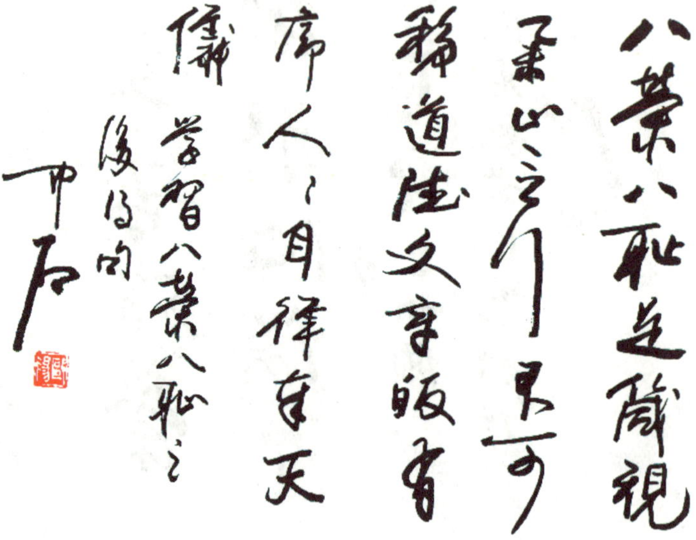

黄殿琴：

中国人有一种现象总愿意当第一，第一泉、第一城、第一村等等，要当第一。您对"天下第一"有着怎样的思考？

欧阳中石：

有一次去山东日照，日照出茶叶，他们说，我们这儿茶可好，江北第一茶。我就说，那江南呢，加上江南你是第几？为何不说天下第一茶，那不更厉害吗。中国第一茶更大，来了个江北第一茶。愿意说第一的，是待不长的，马上就有别人会比你高一头。

黄殿琴：

您热心文化教育和社会公益事业，尽自己所能服务人民、回报社会，出资200余万元在10余所中小学创办"春晖奖学金"，筹资200万元建立"中国书学奖"，为抗击非典、印度洋海啸、汶川地震捐款数百万元。您总说，我们大家每一个人都该在自己的位置上，这是什么意思？您总谈"节制"这个问题，它十分重要吗？

欧阳中石：

这都是应该做的，不必提它。有的时候，我们会说这件事情领导为什么不管？你当领导试试，能管得了与不能管得了，不是那么简单的事，不是那么容易办到的；我常想，一个真正的领导，绝对是想让老百姓都过得好。现在，大家每天都在各自的生活中，这个"天"对咱们，这个"自然界"对咱们，是有着一条自然规律的。我们每一个人都该在自己的那个位置上，这是人的一种素质；对自然界应当抱有什么态度，对人与人之间应是什么态度，这两件事情处理好了就没有麻烦了；不然的话，有的时候，算计的不清楚，绕来绕去的就会有麻烦。所以，我们每一个人都该在自己的位置上。破坏这个规律是肯定不行的，有些东西提前用了也不行。比如水的浪费，现在就成问题。记得我们小的时候，抗战的时期，我到农村去，住在农村，出门了想大便，我都不肯在这个村之外拉屎撒尿，肥水不能外流啊，肥料都要施在自家地上。现在，用水一冲，哗哗哗哗的，少量水都不行，这水都弄到哪儿去了？都费了。这个地球的水是有一定量的。冲走了都到哪儿去了，都到海里去了。

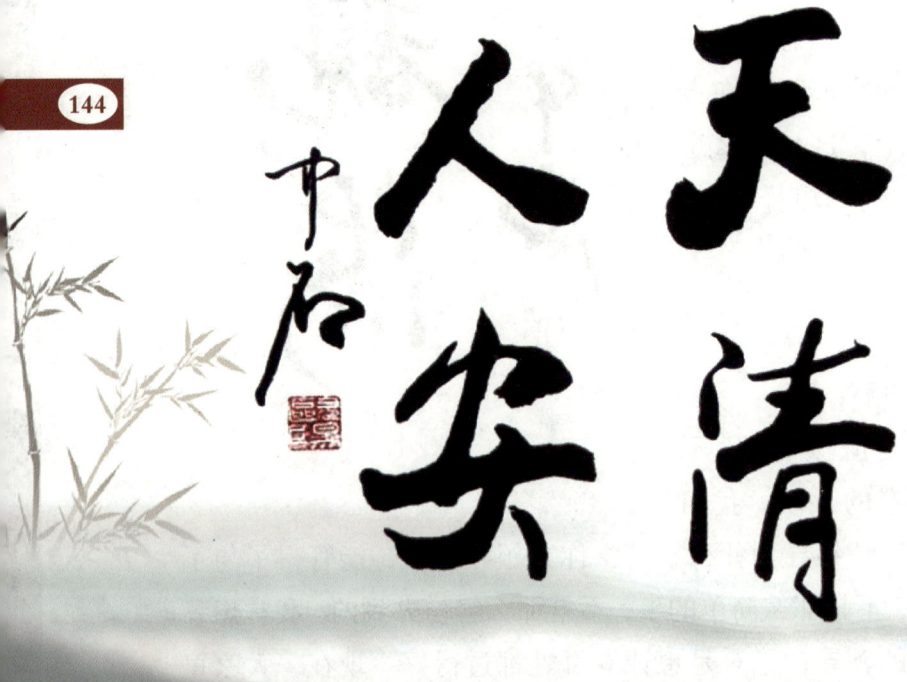

居心平若水
负德重如山

有人说，到了海里的水可以循环回来，但它有个周期，提前超支就不行了。水、空气是自然界赋予人们的生存条件，都是有限的，人们应当珍惜。由此我想到，为什么说是"有限的"，我们可以把它改成"不是无限的"，实质一样，提法不同了。"有限的"，就那么点，"不是无限的"，不是大的不得了。这两个说法就不一样了。"不是无限的"和"有限的"这两个到底等不等，是不是中间划等号；当然，搞逻辑的就想这两个价值几乎是一样的，然而，提法不一样，叙事的轻重就完全不同了。药里面有毒药，为的是治病，适量就合适，有节制就好，泛滥

欧阳中石、作者与张金玲在一起（左一为张金玲）

就不好。如何把节制这盘棋下好，如何把节制这架钢琴弹好，把事情做顺，这个"节制"是必须的，节制是人类共同的约定，约定也是为了带来美好。

黄殿琴：
您在山东的微山湖运河监狱给司法干警们讲了这么两句话："人心行教化，礼法铸天和"。那次前往运河监狱的生动一课，等于说，您也可以做到孔老夫子的那句话了——有教无类。我想，这很有意思呀，您这一生从小学一年级教到博士后，没有落下过一个年级，罪犯这个年级，算是补上这堂课了，第一次教吧，从没教过吧，也得上上。

欧阳中石：

　　对于罪犯的教育，应当说这是社会的责任，也应当说这是人类的社会活动，我对干警们说，我非常感谢你们，你们是用生命做的事业，你们是"无期"呀。罪犯都一拨拨的改造好走了，你们却走不了。我特别要说一句，在学校里教育失败了的时候，是你们接过了班。你们的工作是值得尊重和感谢的，为什么这么说？他们的工作是"看着老虎，守着火山口"，说爆发就爆发；把老虎变成人，使火山口不但不喷火还要能造福人类，感化的工作太不容易了。我来这里要做到"第一不称同志，第二不握手，第三不还礼。"人们本来要互敬互爱，本来要生活得美好，就因为有些人不遵守这种规范，以至于走上了犯罪的道路。有天理，有人情，杀人者偿命，欠债者还钱。犯罪赎罪这是天理，从哪一方面都应当这样说。关在这里，不给自由，就是希望把你改造成人民，重新回到人民中来。我讲了太多次的中国文化的问题，文化的根本含义是什么？我是这样理解的，人类社会进程中所创造的全部物质财富和精神财富，这是词典上说的话，可实际上呢，这里说了个范围，就是天地之间人们的生活都是文化，我把这个文化归结一下是干什么的，所以，我说美好和谐是全人类给予文化的含义，优秀的文化就是要美好和谐。这里面是不是会有碰撞，肯定会的，个人都是在向美好追寻，一定会有碰撞。碰撞的时候，可能采取协调的处理，也可能采取不协调的处理。采取协调的处理是文化的一部分，采取不协调的处理也是文化的一部分。所以说，文化中有非常光明的，也有非常灰暗的，就是用各种方法，用仁、用德、用礼、用法来使我们达到美好和谐。我们既要用礼法，用铁一般的长城铸造一个"天和"，还要用人心换人心的办法，让这些走错了路的人，扭转思想改造人生观，走回人民群众中；这就是干警们的文化生活，这就是干警们的事业。下午参观监狱，赠书赠的是《中华传统美德警句名言》，让他们好好学习中华美德。

黄殿琴：

如果说，"德"产生了法，那么，在人心中的"德"应该是什么样的一个劲儿呢？每一个人应当建立自己的见识，就是自己对问题的认识，心里要有底儿，做到心中有底儿太难了，怎么能做到心中有底？

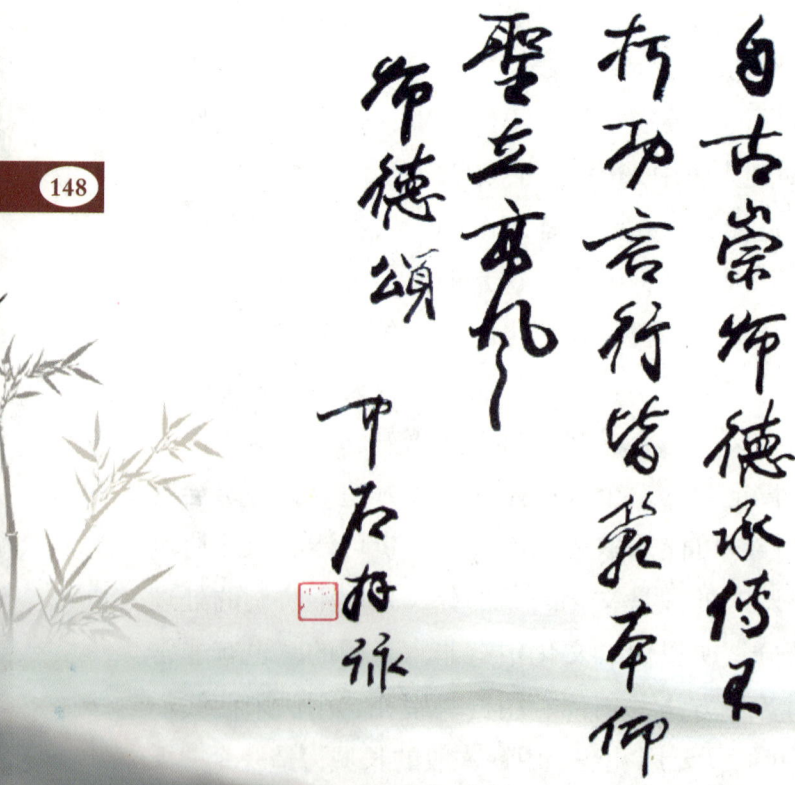

欧阳中石：

好比"德"这个字很有意思。我们古书里面就说了，什么叫"德"？这个"德"和"得"是一样的。"得"是什么意思，是得到。我本来没有，我把它取得了，这是个"得"。还有一个意思，你看这事儿怎么样？得！行了的意思。古书里面讲，物得以生，事得以成。事物的物得到它了，它就可以生长；事情有了它了，就成功了。原来是直心为德。直和价值的值一样。价值什么意思？就是心里能够平衡。直心为德也好，心直也好，就是心里平衡，不亏这边，也不亏那边，

欧阳中石与张连云、李玉茹等在一起（前排左二为张连云、左三为李玉茹）

平衡，得的意思就是这个。这个"得"又同这个"德"。得的繁体字，上边是个见，下边是个寸，意思是我看见了，手拿到了，寸就是个手。一个字凡带双立人的都是进行时的，表示在活动中，在进行中，这个得和这个德一样，因此就成了。人之道德是什么呢？不能抢人家，不能偷人家，思想里边有德这么一股劲儿，有这股劲儿就能决定是非，没有这股劲儿就不能决定是非。什么叫对，什么叫不对，我拿你的为什么就不行，你那儿多，我拿过来就行了，可以呀，但这事儿不平衡不合适，东西是你的，我拿过来就不合适了。人都要有道德，都要有一股劲儿。人心中的德是个什么样一个劲儿呢？一个东西有了它就可以生长，办一个事有了它就可以成功。就是这么个劲儿。咱们

思想里都有这么一股劲儿。有这股劲就决定我拿别人的合适不合适，就决定是非。是非明了就能决定行止，决定怎么干怎么做。行止时过了界线就触到了法。法就是规定，为了表示明确一些，我们明确有个规定，定个法律，是以德定出来的。德产生了法。强调依法治国，没错，但法是根据什么定的？你有块表，且不谈这块表值多少钱，我偷过来了，我看上了，这个东西好，拿过来我使。我犯法了，犯了多大，这块表是儿童玩具，值两毛钱，怎么判，判半

欧阳中石与王铁成在一起

个钟头都不行，没法儿判，不从根本的道德问题上去考虑，一味地去讲法是不行的。法有法的标准，法的标准是由是非决定的，是非是由道德决定的，这就比较明确了，前几年提到过以德治国、依法治国；后来觉得以德治国不确切，只提依法治国，我觉得这两个是都不能去掉的。事物总是两个方面的，我们只能够在其中避祸而从福。希望走到这个路上。在这个路上我们能够看到我们就杜绝，有的时候看不到就很成问题了，做到心中有底儿确实太难了。

黄殿琴：
我们来谈谈健康的重要吧。

欧阳中石：

从病了以后才意识到健康的重要，身体的每一个器官的重要。我1928年出生，今年虚岁80了。年轻的时候是个运动员，身体很好，也许正是因为身体好，我才不把健康问题放在心上，不太在意。1972年我被汽车轧了脚，成了瘸子；1974年血压高了，1976年脑血栓了，1994年又脑溢血了。当时脑溢血的情况还是比较严重的，晚上12点昏迷了，一直到第二天11点来钟才缓过来，什么也不知道了，恐怕就很难再从医院出来了，当时在医院的时候，我的主治大夫都把我看成植物人了。经过治疗我又好了，遗留下来严重的影响就是眼睛。两只眼睛的右侧都什么也看不见了，都是黑的，左侧勉强能看。要看的范围之内只能看见半边，右边的都不入视野，我有个图章叫"右瞄"，有人就跟我开玩笑说，不能有人出我之右，我说出我右者我也看不见。黄苗子先生也开玩笑说我是我的老乡左丘明了。现在看东西得用左侧看。就是两个眼睛同时能看到会出现不规则的重影，如果闭上一只眼睛看，就清楚了，就没有重影，分别是两个眼睛看，结果还不一样，闭上右眼用左眼看，觉得还差一段路，可实际上已经到了；要用右眼看，觉得已经抓住了，实际还差一段，很糟糕吧，这种现象一直让我很烦恼，看书也很困难，

欧阳中石与陈大章在一起

两只手都要用上，这个手指着上一行，这个手就指着下一行，作标记。右侧再摆上明显的标志，手碰到它了就知道回头了，不然我看两句回来，后边还有半句没读呢，如果这个手不按住的话，就不一定看到哪行去了。写字更有意思，左侧可以认真写，右侧是瞎写。这样的情况，倒让我现在很乐观，话说回来，我不乐观又该怎么办呢？非乐观不成，如果我不乐观的话，只有自苦了。

黄殿琴：

由标识让我想到了城门，现在城的概念离我们越来越远了，城与城之间的界限越来越模糊了，您怎么看的？

欧阳中石：

现在城的概念离我们是越来越远了，城与城之间的界限是越来越模糊了，但是，人与人之间的界限更清晰了（笑）。现在好多地方的标识让人看不懂了。比方说东四十条，好多新来北京的人就看不懂。北二环上有一个地方叫东四十条，是东四往北，在往东去的胡同第一条是东四一条，第二条是东四二条，东四三条……东四九条，东四十条。但一看那个标识给人的印象是：东，四十条，这就不对了，应该是东四，十条。这些东西很有意思，要是能保留的话就好了，让新北京人看看老北京原来是这个样子。东四是什么意思啊？还有西四，四什么呢？好多人说不清楚。实际上呀，这个街是个十字路口，这十字路口四个角各有一个牌楼，这就叫东城的四牌楼；西城也有，西四就是西城的四牌楼。四个牌楼，在东城有，在西城也有。什么叫西单呢？东城有一个地方就一个牌楼，单牌楼，叫东单；

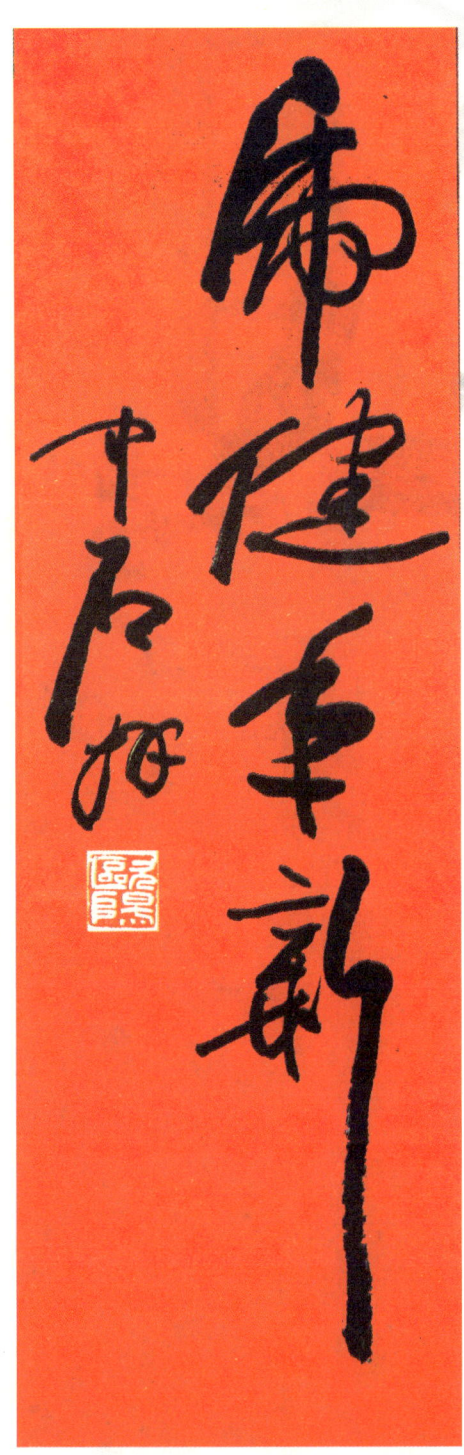

西城也有一个牌楼,也是单牌楼,叫西单。还有就是北京城的门,内城是九个门,这九个门很有意思。咱们以坐在故宫这个位置来说,正阳门就是前门,四四方方,南边正对着太阳。宣武和崇文,东是文,西是武,这北京城的前面是三个门。东边有两个门——东直门,朝阳门。早晨起来对着太阳那个,南边那个叫朝阳门,再往北走叫东直门。西边也有两个门——阜成门,西直门。后边也就是北面的两个门很有意思,一个叫安定门,一个叫德胜门。皇上出兵的时候都出东边的安定门,从安定门这儿出向各地。回来的时候进德胜门。东直门和西直门是做一些其他事的人可以走这两个门,它这个直像是很直的,实际上这个路啊,进了门之后就不直了。直有的时候和值班的"值"是一个意思,值的意思呢,值日生,就是做事的人。还有城外的七个门是有规律的,安排得很好,能看出一个城市

的格局来。从这里我们可以看出,我们的祖先是多么讲究规矩。城门的意思就是为了巩固,要不然要城门干什么?挡住敌人进犯。那么外面为什么有池呢?池也是第一道防线哪。有句话叫金城汤池,金就是铁的城,绝对打不开的;汤池是热水池,那坚固得很。我在城门口,我这儿一进城一拉吊桥你过不来了。

黄殿琴:

逢虎年,办虎事, 做虎人,行虎运——2010农历庚寅年欧阳中石书虎——虎健年新。欧阳老师,看到您写的"虎健年新"的贺词,先是眼前一亮,再就是感觉年味更足了。先给您拜年了。年年岁岁、岁岁年年,您一般都是怎么过年的?

欧阳中石：

　　一到过年，来的人就太多了，有的人就是趁过年来看看我，我很感谢。但这个时间不是聊天的时间，这个时间就是彼此问候。因为，过年大家都在忙，如果想这个时候聊天，就影响别人了，不是说聊天没好处，聊天有好处，可是时间不合适。有时候，来人当中也有直接让我写字的，我说，这很困难，这两天没心情了，也写不好了。

黄殿琴：

是啊，写字需要静心，需要灵感。

欧阳中石：

　　我说我真给你写，对不起你；不写给你，你不高兴，真的很为难。他说，咱们有交情啊。我说，是有交情，要是弄得不好对不起你啊。我看，还是三十六计走为上策。清静了，除夕这天，好好地闲坐着想了一些事。按传统，这个时候是这一年里面的最后一天，除夕嘛，应

当回顾一下这一年自己都干了些什么事了,这一回顾,觉着在一年当中一件完整的事也没做。那么是我虚度过去了,不是,我一天也没闲着;要说干出什么事来了,确实什么也没干出来。这是个值得思考的问题——很忙,什么也没干。

黄殿琴:
我也常常有这种感觉,很惶恐很不安。

欧阳中石:
这个矛盾问题太让人吃惊了。居然有这种情况,忙得很,但什么也没干成。我就这样总结了这一年。也许我所做的事情就是可能对我的某一个朋友或对某一个人来讲,他们听了我的几句话以后做成了某件事,这有可能。我没做成事这也可能,是白浪费时间了?不是。我干什么了?想不清楚。给人家干什么了?也想不清楚。每一天都是零零碎碎地过去的。我又想了想,做老师的是不是就是这样,做老师的是不是就应该这样。为别人做的一些事情就是自己的事情,这样一想,挺好,一年的总结蛮有意思。

黄殿琴:
诗人刘禹锡写过这样两句诗:"芳林新叶催陈叶,流水前波让后波。"您将这句诗改为:"芳林陈叶期新叶,流水前波望后波。"陈改成了新,催改成了期,让改成了望;这两句诗表明了什么?

芳林陈叶期新叶
流水前陂让后波

十石改刘禹锡句

欧阳中石：

这是一个到了一定年纪的人应该说的话，应该抱的态度。我期望新叶快点出来，后浪赶上来。首都师范大学的书法文化研究所的所长让年轻的学生接任了，我做了我该做的了。知足之足，常足矣；如不知足，则失所欲；一个人到了一定年纪的时候，就出现了年纪逐渐大起来的心态。我是在这样的，虽然是走了一个教师的道路，可是始终教和学我没分家，我是一边学一边教，一边教着一边学着。我不但跟老师学，也跟学生学。我从学生身上学到了方法，印证了我的方法。我这个方法教给他了，他会不会，他到了地方一定卡住，我过去不知道，为什么都在这卡住了，这就说我从他身上学到的一个问题，卡在哪儿，这是我跟他学的，再通过这个研究后，卡不住了，我不就成了吗？"教学相长"这句话太对了。

采访

黄殿琴：

社会提倡，老人在退休后要发挥余热，媒体也在大力报道老有所为的事例。老有所为确实值得倡导，但您一直觉得"退休和余热"这两个词都不好听，不是"退休和余热"，该是什么？

欧阳中石：

单从字面上看，退休就是退到一边休息，休就是休矣，完了；余热，就是剩余的能量，都是剩下的了，恐怕也热不到哪里去。我不禁要问，难道离开了原来的工作岗位，可做的事情就只剩下休息吗？即使做了一些有意义的事情，难道就要说成是在发挥余热吗？如果说是"余热"，恐怕依靠微不足道的能量所做的事情，就没有多大意义，不值得宣扬。《论语》中说："五十而知天命，六十而耳顺，七十而从心所欲，不逾矩"。意思是50岁懂得了什么是天命，60岁能听得进不同的意见，到70岁才能达到随心所欲，想怎么做便怎么做，不能超出规矩。应该

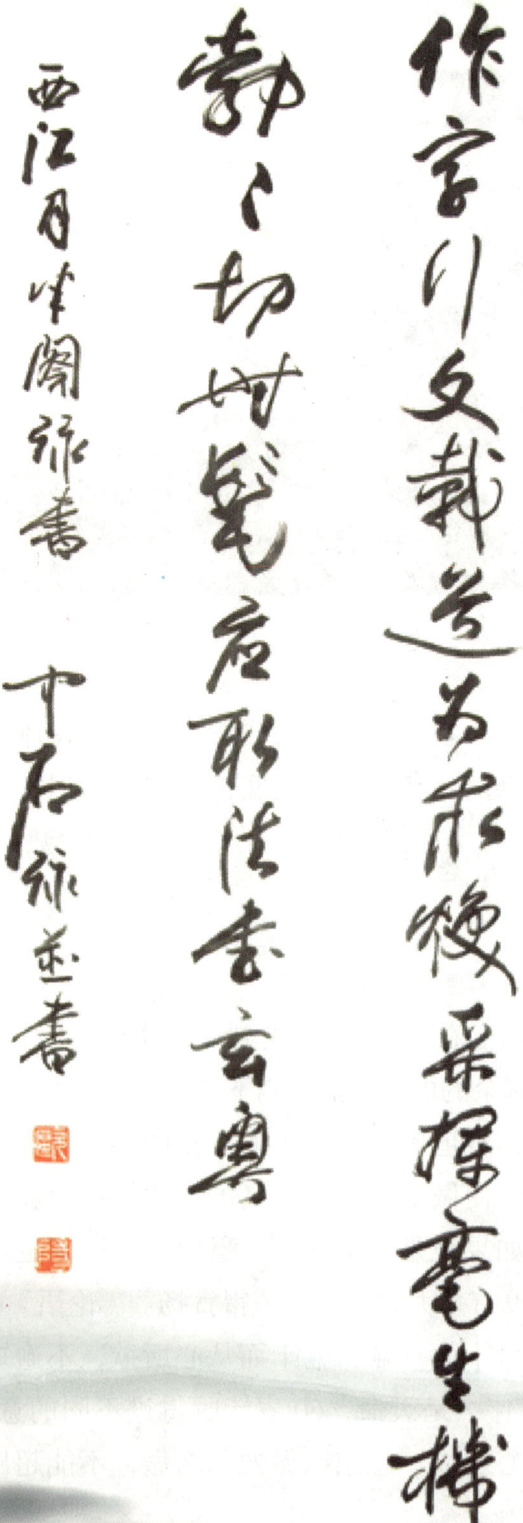

作字似文裁造为形après探电生辉

動之切匆世毛启形活变玄奥

西江月峰阁你书 中石你述书

说，人到五、六十岁的时候，是最成熟的时期，这时，岁月不仅给了我们丰富的人生阅历，赋予了我们对世事敏锐的洞察力和高瞻远瞩的眼光，还砺练出了海纳百川的胸怀和处乱不惊的淡定从容。如果说，从60岁算老年的话，这恰恰到了最能发挥能力的时期，应该焕发出第二青春和财富，这时候发出的力量就加了一倍，把退休改为转移，整体的认识就不是退休的意思。我理解的退休就是转换平台。从以前工作岗位的平台转换到一个更广阔、有更大的自由发挥的空间的平台。很多人退休后，突然之间觉得没有事情做，感到无所适从，不知所措，其实是因为他们没有找到方向，没能很好地过渡到第二个平台。第二个平台少了很多条条框框的约束，完全是一个可以随心所欲表现自己的舞台，所有的精力和热情都可以淋漓尽致地发挥出来，去实现年轻时没有实现的梦想，去接触以前从不了解的领域，这个时候是自己第二个事业的开始。而且，我也不喜欢中国进入老年社会这样的说法，很多声音都在说中国是"未富先老"，似乎老年人成了我们国家进入小康和实现现代化的绊脚石，老年人就一无是处，是社会进步的包袱，我认为老年人多对这个社会是好的，证明我们的国家很健康，更好地延续了幸福生活。社会是不能用年龄来划分的，年龄不能衡量一个人对社会贡献的大小，一个游手好闲的年轻人难道就能比一个老人为社会做出更大的贡献吗？所以用年龄划分社会是对老年人的偏见。古时候有这样一个故事：有位皇上觉得年纪大的老人活着只会浪费粮食，就颁诏下令，60岁的老人全部活埋。当时，朝中有一大臣是个孝子，就把自己的父亲偷偷地藏在夹壁墙里赡养。过了几年以后，有五只成了精的老鼠闹到东京，每一只老鼠都有老牛一般大小，所有大臣都束手无策，这位孝子大臣回家以后就闷闷不乐，父亲问他究竟朝中发生了什么事情？如实告诉了

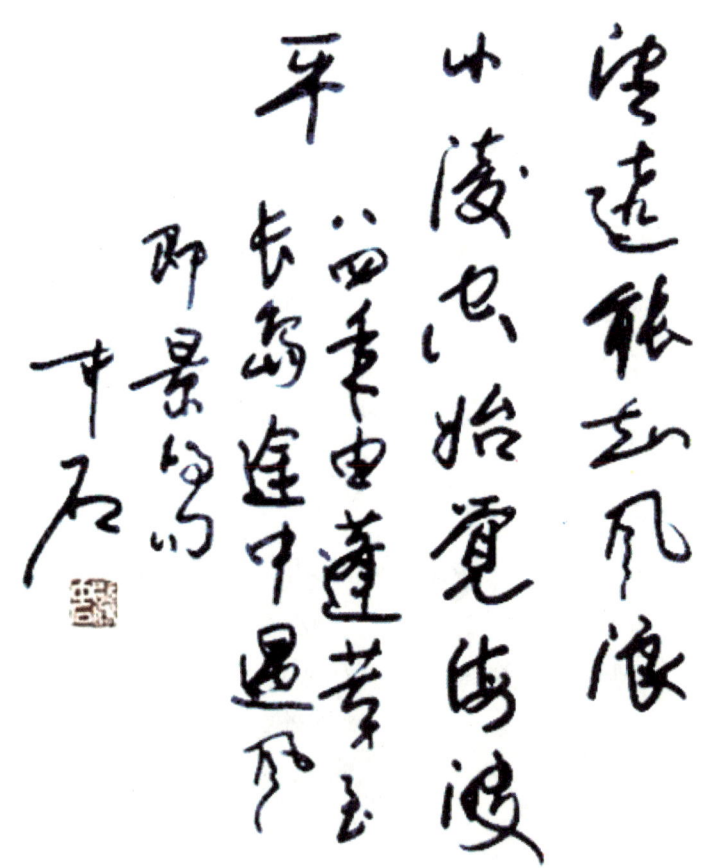

摄于泰山

父亲,父亲告诉他,明天上朝带着一只8斤重的狸猫上朝。大臣不明白是怎么回事情,但是,还是按照父亲的意思带着一只八斤重的狸猫上朝。当五只巨大的老鼠闹到皇宫的时候,这位大臣就把8斤重的狸猫从朝服的袖子里拿了出来,五只巨大的老鼠见到了狸猫立即吓得浑身颤栗,变成了五只小老鼠,狸猫飞扑上去四只爪子,一个爪子按住一只老鼠,另一只怀孕的母老鼠趁机逃跑,传说现在咱们看见的老鼠就是当时逃跑的母老鼠所繁衍的。皇上见老鼠被降服,急忙问大臣是怎么知道狸猫能降服老鼠的。大臣急忙跪在地上向皇上请罪,说自己犯了欺君之罪,把他如何把自己父亲藏在夹壁墙里偷偷赡养的事情和他父亲如何告诉他降服老鼠的事情告诉了皇上。皇上知道了其中的原委,免了大臣的罪,皇上也知道了老人还是有用的,就又重新下旨除去了60岁活埋的律法。这个故事讽刺的是那个持"老人无用论"的皇上,最后不得不承认老人"还是有用的",不得不对见多识广的老人心悦诚服。中国有句俗语:家有一老,如有一宝。老年人宝贵的地方就是老年人延续了历史的长河,文化的传承实际上就是记录和交流。在没有

文字的年代,文化就是靠口耳相传才能得以延续,老人就是一部历史书。历史与文化就像一个代代相传的接力棒,一个人岁数越大,手里握着的接力棒就越大,越接近历史本身。承传不变,才能有历史的厚重。随着历史的发展,我们的知识会越来越丰富;随着时代的发展,我们知道的东西会越来越多了。但对于我个人而言,对新的东西,有的也接受不进来了,这是个客观事实,也得承认;不是有所为有所不为,是我想为也来不及了。比方说,搞电脑我就不行了,放弃就等于自甘落后,不自甘也不行。什么文化产业,我听都听不明白,不明白就不明白吧,我别耽误人家的事儿,别用我的看法限定人家这不行那不行,需要我说的我就说,不需要我说的,我说了就耽误事儿啦。有一天我

参加一个活动,欣赏奇石,他们说奇石很美,丑石也美,丑极了就是美。我就写了一首诗:不奇不丑是平常/忝列其中已勉强/愿乞娲皇能谅我/只堪随后望尘香。奇的也美,丑的也美,我不奇也不丑是个平常;奇石也行丑石也行,就"中石"不行啦,"中石"随后望尘香。

欧阳中石与袁世海在一起

黄殿琴:

我记得在去长岛游玩的一条船上,您写了这样一首诗:望远能知风浪小,凌空始觉海波平。您再回忆一下这首诗好吗?

和田纪云亲切交谈

欧阳中石:

起风了,浪就大了,船就使劲的开始摇,船大摇的时候,那真是,孩子哭大人叫。同行的人说:"怎么晕得那么厉害了,

> 漢字是中華兒女智慧的結晶,中華文化之惢、之根、之魂、之靈之展現。不能分開。相信她會與時俱進,相信她現在有且無曾,將來有始無終。
>
> ——中石並題

不行了,不行了。"我就带着大伙一步一步的挪到了船头,说:"望远能知风浪小/凌空始觉海波平。咱们透过窗户往远处看,千万不要往近处看。往远处看,其实风浪不大;往近处看,风浪大极了。"我就随口吟出了两句诗。其实,在看待一切问题的时候,也要望远,也要凌空。应当不轻易肯定自己,更不轻

为季先生祝寿

易地否定别人时,优秀的素质就会被全部放大。自己很软弱,是因为没感觉到自己有刚强的地方。宽阔的前面还是宽阔。一个人敢和那个人斗一斗就会成功,那个人就是自己。

黄殿琴:

一个人到了一定年纪,年纪逐渐大起来的心态还有一个方面,那就是,您经常考虑到做"托"的问题,"托"是一种力量。在80年代,您就写过这样一句诗:"天涯有限心无限。"您的内心世界为什么那样的无边无际?

欧阳中石：

做"托","托"是能力,也是帮衬的意思,也是一个人到了一定年纪时该做的事,写序、题写书名等等,他尽可能地去做。能做别人的"托",也是一种幸福。"借与用"有何不可,能起到好的作用是件幸福的事,当一个人连做"托"都做不了的时候就真的没用了。当然做事的前提是有标准的,值得做的,才"托"一把,"托"一下就成了,不是件大好事吗?对得起他本人更要对得起社会。"托"是一种力量,是前辈对后辈的支撑与支持。唐朝的韩朝宗,

官并不大,只是荆州的县吏,他的历史贡献就是尽可能地把后辈人举荐上去,所以才有了"生不愿封万户侯,但愿一识韩荆州"的说法。应当说韩荆州是"托"的前辈。每个人都有每个人自己的'份',这'份'是本份。我们要尊重每一个人的本份,社会给每一个人都安排了一份应该有的生活,每个人都应该去

理解社会的这一份心意,每一个人给自己做事都能取得一份的享受。"积极的、向上的"托",是一种借力的力量。

黄殿琴:

"仰之弥高,钻之弥坚",您的博学和敏捷是每个与您有过接触的人都有的感受,您的境界很高,能听到您讲课是一种享受,您能把深的东西讲浅了,也能把浅的东西讲深了。您的面前面对的总是两种人,总是有这样的心态:"在年轻人面前是个老人,在老人面前又是个孩子,在上有长辈下有后辈的时候,面前面对的总是两种人。"

欧阳中石:

在最开始的时候,一个人什么都不懂,到了稍稍懂了一些的时候,就涉猎到了许许多多的方面。从不知到有知,是怎么来的?毫无疑问都是老师给的。在我心目中,老师太重要了,老师的神采、老师的一举一动,我都愿意回顾,我由衷地感觉有一种特殊的幸运,

2005年与夫人在一起

老子道德經上篇

一章

道可道非常道，名可名非常名。無名天地之始，有名萬物之母。故常無欲以觀其妙，常有欲以觀其徼。此兩者同出而異名，同謂之玄，玄之又玄，眾妙之門。

二章

天下皆知美之為美，斯惡已；皆知善之為善，斯不善已。

幸运的是我遇到过那么多好老师，我永远感谢我的老师们，这是面前正对着的一个方面。另一个方面就是我的年轻的学生极多。得天下英才而教育之，一大乐事。把自己学的东西教给别人，把别人没有的教给别人，这个工作很惬意。我的工作就是讲课，当然，即使同是上课，课与课却极为不同。上大课是我讲他听，上博士课是他讲我听，一个人一个题目，他想听到什么我就要让他听到什么，他想要得到什么我就要给他什么。这该多有意思啊。充充实实、坦坦荡荡地过生活是一份最好的快感。

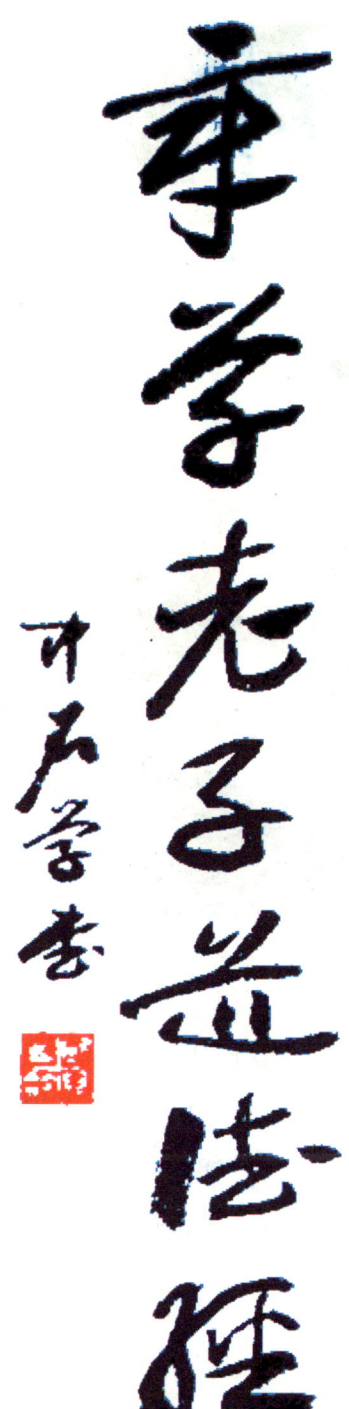

黄殿琴：

我知道《历代帝王庙重光后叙》是一篇足以传世的精品力作，原作已珍藏于西城区档案馆，并经过精心设计在《历代帝王庙》一书中发表，思想内涵精深，书法艺术精湛，尽显您的风范。这之后，您又为李大钊故居书写了匾额吧，这是您为弘扬中华优秀传统文化，全力支持文物保护工作的无私奉献精神。

欧阳中石：

能为李大钊故居书写了匾额，这是件大事好事，题写"李大钊故居"可以表明我对伟大革命先驱、民族英雄的景仰之情。李大钊故居位于今西城区文华胡同 24 号，那里是李大钊一家 1920 年至 1924 年的居所。李大钊在此居

住期间，是他人生的黄金时代，为传播马克思主义、创建中国共产党、建立国民革命统一战线、巩固和发展国共合作、领导北方革命运动做出了巨大贡献。西城区委、区政府高度重视李大钊故居保护工作，2006年开始居民搬迁、修缮故居、恢复原状、举办展览，2007年5月8日李大钊英勇就义80周年之际正式对社会开放不是件大事好事吗？

芳林陈叶期新叶

黄殿琴·随笔

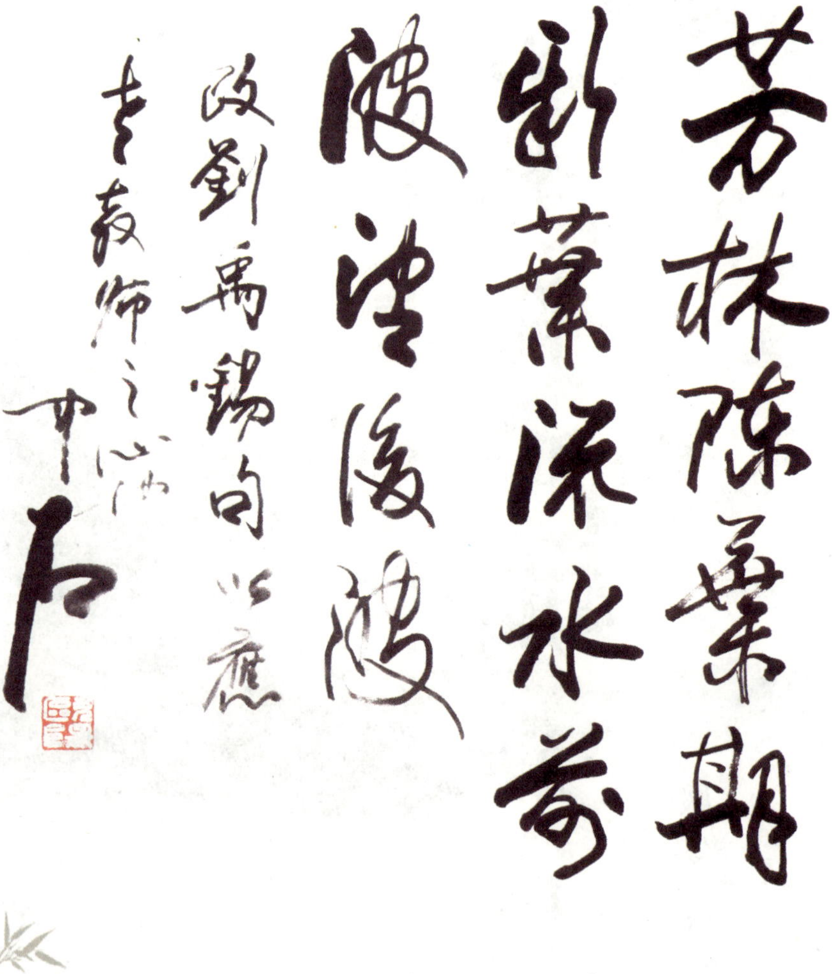

芳林陈叶期
新叶流水奇
波涛後浪推

改刘禹锡句以应
吉英师之命
中石

芳林陈叶期新叶
——走近欧阳中石

黄殿琴

写下《中石访谈》这个书名，我要感谢欧阳先生的女儿启名，是2009年严寒的岁末了，再过四天就是2010年的元旦了，是个周日的傍晚，我拿着写好的书稿，烦请启名帮忙找些先生的照片，于是，书中大量的照片是她提供的。此时，书名还没有最后敲定，她说把"录"去掉，就叫《中石访谈》多好，我欣然接受。

写完书稿后，师母茝京一字一句的为我定的稿，改了不少错，这是我更要感谢的一个人，但是，她说你若是在书中提到我，我就以后再也不管你了；只好不感谢了。访谈的内容不多也不少，却也花费了我几年的时间，断断续续的有时间就"访"就"谈"，"访"完"谈"完后又忙于手头的工作和杂事，就"没完没了"了，很惭愧。中石先生的境界太高，能"访"他，能"谈"他，是我一生的享受，他能把深的东西讲浅了，也能把浅的东西讲深了。1980年，中石先生运用深厚的文字学、文学、逻辑学修养，提出一套中学语文教学改革方案，大获成功，引起港台地区语文教育界的高度注意。最后，我还是想再写写十多年来，中石先生给我的很多教诲，受益匪浅。

中石先生是当代颇负盛名的书法大家，是我国高等学府第一位书法艺术教育博士生导师,以行书深得东晋风流而著名,然而,"不搞个展、不立传、不建馆、不褒贬"却是欧阳中石先生为人为艺的四个境界;就在2009年一年间,他就率领师生们共同举办了两次大型展览,一次在香港,一次在中国美术馆。他总是说:从1985年办大专班至今,从大专到本科到硕士到博士,是在前人的基础上走出来的,劲往一处使,汗往一处流,一步步走来,是所有的参与者共同的努力的结果;是集体力量的结晶;不难看出,在他的绛帐内走出了一批又一批学养深厚的弟子,使书法艺术研究这一有着悠久历史的传统文化后继有人。

顾随东官房留影

中石先生是一位多能的"杂家",凡他涉足的领域均有很高的造诣和独到的建树,佳作频频问世。他的著作,涉及了逻辑、音韵、京剧、文字、书法等,已有50多种;然而,他却极其静默,远离喧闹。楷、草、隶、篆各体兼能且兼精,看中石先生写字可真是一种享受,聊天更是一种文化的滋补。中石先生以"水墨"的精神感受着艺术的自由;以"虎健"的豪气传导着嗜学不倦的人生态度。正是这种"不求大肆张扬,只求实事求是"的作风,吸引着我,让我采他写他。中石先生从1948年开始教书至今,正是这种"对于中华文化的钻研持之以恒、坚持不懈"的精神,感召着我，让我记他书他。书法是中华传统文化的重要组成部分，继承并弘扬书法艺术，对于更好地发挥中华传统文化在建设和谐文化中的作用具有重要的意义。启功先生曾作诗："三管齐挥书画诗，丹青之外见奇思。郑虔应逊今贤博，檀板轻敲乐句时。"后记："中石先生并善，按拍可称四绝。"

春日春起色，虎年虎生威。庚寅年立春刚过，一场瑞雪带来丰年好气象。刚刚从山东家乡回到北京的欧阳中石先生，瑞雪中把"虎健年新"的新春祝福带给大家。与欧阳中石先生交往10多年，无论是风尘仆仆也好，心神不宁也罢，只要走进欧阳先生的家，不管房间内挤满多少人，自己都能够被他老人家的安宁慈爱给拽回来，拽到静心、专心上来。因为那里是一个"修学好古，谦虚做人"的磁场。欧阳中石先生精通京剧、国画、诗词、曲联创作、书法诸多技艺，著述有40余种，涉及国学、逻辑、戏曲、诗词、音韵等，书法在国内外享有盛誉。回溯欧阳先生走过来的长路，是那么平实又充满着神话的色彩。

中石先生在诸多领域都获得骄人业绩，能汲取众多知识并转化为自身的营养，这里的神力，经过认真的溯源探寻，答案已经渐渐清晰。

中石访谈

泰山缘

第一次到泰山,第一次和欧阳中石老师到泰山,第一次在雨中攀登泰山,脑海中无数幅画面在自由地组合着,我会以怎样的心怀去细微地感悟?!

到了山下,雨就开始下了,雨下得很细、很丰润,如丝、如雾,觉得很惬意。

先生笑说:"到泰山淋雨和能看见日出有着同样的奇遇。"我们赶上了奇遇,先生的淡然感染了我们。

到了晚上,屋子里站满了人,先生在为泰山写对联:

三素云英扶降节
九光霞缬丽青坛

碧落高居金台传妙诀
苍生溥佑木德仰慈恩

落款是:乡里小子欧阳中石

写字时,屋子里极静,没有话语,只有墨的轰鸣声。

每一笔都肃穆、工整,每一笔都经过了思索,整张字的气氛和格局让我觉得"涤荡瑕秽"和高洁;传统文化底蕴很是厚重。

以往,先生的落款都是中石俩字,我问先生,这次落款,为什么要用全名?

先生说:"'泰山'是'道教',为这里写字,是全心全意的意思。"

我又问:"为什么是'乡里小子'呢?"

先生说:"沐手拜书。"

我还问:"为什么在写这两副对联前要洗手呢?"

先生说:"庙和寺不一样,虽都是神的位置,是圣洁之地,为泰山写字要写出道家的清气。"

是啊,这两副对联所呈现的圣洁之气真令人心生敬意。这历史的山,这许许多多人来朝拜的山有着它应有的位置。

在道长的要求下,先生又写了五个字"泰山石敢当"。写这几个字的用意是,计划在一些小石头上,把先生的这五个字都刻出来,出售给经过这里的游人们,让他们享受先生的书法文化和泰山石浑然一体的艺术品,是件美意。买一块石头回去,买了顺心回去。

"泰山石敢当"说的是魏晋时期的一位将军,将军名叫"石敢当",他很正直,所到之处能避邪。

有人在一旁打趣道:"先生,您以为您这是为家乡出了力,您这是等于把泰山都一点一点的给卖了,一点一点的给搬走了,没泰山了怎么办?!"

先生更是机智:"我是在做贡献呀,泰山高度不够了,可面积扩大了,世界上全有泰山了,泰山不是更大了吗?"

满屋子的人都在笑。我的眼前似乎有一种神曲在先生的字中和话语的霞光中盘踞,那墨焰和心灵的火焰同时在崭新的感受中闪烁。

命运并不要求人们做什么,生活、感情、文化却燃烧着生命。与中石先生泰山行,让我体味到,这山连着山的情调就是心连着心的情调。

云雾，浓得很从容，山看不见了，白色把梦幻压在了心底。慢慢地我在感受着浓浓的白色火焰，试图在这白色的火焰中停驻片刻，感受着"山到极处我为峰"行草书，高古醇厚、精彩动人的意境，先生出版的《欧阳中石书沈鹏诗词选》、《中石夜读词钞》、《当代名家楷书谱·朱子家训》、《中石钞读清照词》、《老子〈道德经〉》著述40余种，涉及国学、逻辑、戏曲、诗词、音韵等；先生博学多才，对中国传统文化、艺术有全面、精深的造诣。作品是大手笔，观其作品，如欣赏高山流水、万马奔腾；从吴玉如学书、奚啸伯学戏、齐白石学画，伯远帖的风骨、吴玉如的潇洒，足见中石先生无日不临池的纯熟自然的深厚功力和勇于创新的精神。

摄于泰山（中为作者）

石 缘

　　2004年末,中国奇石最高艺术殿堂的时尚石吧展出了大化石"中国虎"(百年不遇的水石罕品),戈壁石"岁月"等数百枚奇石珍品,让人赏心悦目的品味到了中华奇石的无穷魅力。很多饭店餐厅,因有了奇石而越来越有品位。餐厅的装潢设计更为讲究,包间里摆上了文房四宝、古董瓷器、奇石怪石等物件。大作家曹雪芹的《红楼梦》,起名为《石头记》;天空镶着宝石;看到了水晶石似的未来;大理石的桌面等等都和石字有关。

　　我崇尚的恩师当代著名学者、著名书法家欧阳中石先生的名字都与"石"结下了终生之缘;人们常常喜爱用石头来形容美好的事物,也就是说石头与人有着一种特殊的机缘与情缘。在《可人集》书中,先生的《石颂》是这样写的:

　　石者天成有巨有小,有重有轻,是凡品。虽能俯拾可得,然以其形质各异,遂自古及今癖爱者大有人在,而且大有用处。积山垒堰,莫不依为重要素材。即使上界神祇也需藉重女娲补天、精卫填海,概莫能外,可见神人之间都须相恃,又绝非揩壁、珊瑚、玛瑙、翡翠等可比之万一也。盖贵与重本非一也,物重恒贱,稀少必珍,然而至怜爱者爱其平凡而又神奇可赏,造化之妙绝非人力可及,但其灵性又得仁人之心也。邹公瑜大方家,虽是至珍,而不以石之顽劣见弃,甚至于草莽间下顾,遂书以相报,谑语不恭,但情笃而钦,我若斯耳。

　　发扬石文化,志远古石缘;弘扬石文化,追求真善美;无论是儿童的想象力，民间的想象力，还是艺术家的想象力；石头的质朴性与原始性，带给人的恩泽却是亲昵无间的。石头是人与自然接触最关键的趣味。石头是一道风景，看石头的人更是一道风景。在石头面前，人的想象大大地超越了具象，人的想象力突显过剩。没有石头，世界上就没有山峦了；山峦上的所有花草都是为石头而生。石头是有生命的，它有着沉默的生命；没有石头这个世界就没有生机了。石头的历史穿越了最远古的人类历史，它活得有气象、有尊严。巍峨的山石，奇秀的山石，有着壮丽的力量；有棱有角是它终身的姿态。石头是大山的骨骼，它无声地述说着遥远的生活；石头那磨难的记忆、嶙峋的面孔、碰撞的轰鸣永远讲述的是大风大浪的经历。记得，几年前我有幸能与欧阳中石老师一同登泰山，在泰山留下的墨宝都是"泰山石敢当"；由于这个原因，我便对"石"有了更多层面的情感；终于有一天，我和中石老师面对面地谈起了"石"，正巧，老师的书桌上摆着天然形成的清清楚楚带着"一中一石"字样的两块石头，石头上长着细细的白色的"中石"两字，真是清晰可见，石头是棕色的，自然的风赋予了它通体的灵气，小小的石头简直是一块雅石，玲珑的石型太神奇了，坚韧的石质太逾越了，太陶然了，惟妙惟肖，温润可手，浑然天成，这样的石头居然还"飞"到了老师的书桌上，每当老师闲暇时轻握手中，把玩品味，只见老师真是发自内心的喜上眉梢、怡情励志、爱不释手；当然，只要提到石头，老师都是滔滔不绝；老师说起他初中的老师愿意给学生起名的事："他是根据名字起字，最开始起了个'松岩'；不好，光我认识的就有三个叫'松岩'的；又起名叫中流砥柱的'中流''中柱'；不喜欢；最后起名到'中石'，柱石的意思；就将原来的'欧阳崎'改为'欧阳中石'了。"说完名字的来历，老师又这样告诉我："石头天生它就在草里长着,许多人都喜欢石头。石头与石头的大小不同,价值也就不同,有的石头很不简单,有的石头珍贵得不得了。河北的娲皇宫,娲皇宫里的五彩石可以补天!我就为'女娲补天的石头,五彩石可以补天。'写了一首诗:

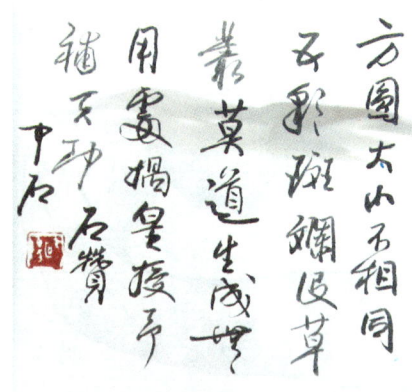

方圆大小不相同
五彩斑斓没草丛
莫道生成无用处
娲皇授予补天功

任何一块石头都不能与我们的年龄相比,大自然创造一个物种需要几百万年乃至更长的时间。法国艺术大师罗丹说:'当你们勾描的时候,千万不要只着眼于轮廓,而要注意到形体的起伏,是起伏在支配轮廓。'同样的时间,同样的世界,同样的人生,对于每一个人的意义并不相同,生命质量有着巨大的悬差,是各自不同的审美观让石头的生命永无终止的。生命的时间是一个量器,有的人把他装满了水,而欧阳中石老师装满的全都是金,他说:"现在的人、很多的人都会见到很多的事物,知道的再多,能够称得上纯粹的、天然的东西还能有什么?

几乎没有了,纯粹出于自然的、天然造物者的,又经常能见到的就只剩下石头了。中石,中石与石头连在一起,我很愉快的感激。石头很值得人们玩味!石头大大小小的形状不一样,用处也不一样,人们喜欢欣赏与观赏奇石是喜欢它身上保持着的情趣。观赏,观赏,一个观一个赏,没有'观'没有关系,没有'赏'也没有关系,可有可无,欣赏与观赏是为了心灵的飞升。世界对每个人都充满着不同的意义,石头带给每个人的都是精神境界。"

为了弘扬中华石文化、推动石文化发展,促进全国奇石精品平台的发展,欧阳中石老师在每个细节都不遗余力地推动着。老师对中华石文化在历史上、美学上的研究、古今奇石的艺术价值上以及石刻、石雕、奇石产地、奇石命名、奇石开采、加工、保养等方面都颇有研究,可以称得上是奇石收藏名家、鉴赏家、评论家、石文化的理论专家。时间之箭最锋利,石头已经是欧阳中石老师生活中最好的情人。老师家里最有趣味的除了书便是石头了,领略过欧阳中石老师家里的石头是什么颜色,咀嚼着欧阳中石老师在房子里家里收藏什么样的石头,与其说我在欧阳中石老师的家中见过很多大小不同的奇石,不如说我见过欧阳中石老师欣赏石头时的很多妙趣横生的情态。我品味着老师的"可有可无的意味",他深深地在教导我们要学会欣赏与感恩。

在绘画中不经意间就透现出这样一个道理:画石分三面,宁方勿圆,密而不乱,繁而不散,要把藏在石头中的故事说出来。是的,坚硬是石头的灵魂,唯有把玩石头的时候,人们得以随心所梦,不言自明。斋有石雅、居有石安、体有石健;好的石头价值连城,家这个安乐窝是天堂,家有好石头,就有了最无价的生活,就有了最符合个性最珍贵的生活,珍藏怎样的石头与每个人的内心愿望相统一。南怀瑾说："真正的道，绝对是平常的。"

欧阳中石老师说："'石'一生都与'中石'在一起；'中石'与'石'息息相通，石头经常是自己能与自己说话，自己能与自己开玩笑，屋里有石头陪着，身边有石头陪着，想象就不会溃败；家里有石头，就情愿挣脱理性的预设；奇石界的专家学者，石友、石商、石文化爱好者们，身边有石头陪伴，石头就是生活的'点睛之笔'，思想就会妙至毫巅、超然拔俗、意念空灵。石头很值得人们玩味。"有的石头价值连城，家有好石头就有了最符合个性的生活。

我曾经采访过一些政界要人，抒写过一些学界泰斗，讴歌过一些商界精英，展现他们各自在变化世界中的思想变迁、人生轨迹，不乏观察的细致入微，不乏想象力的越来越专业化，没有精神上的高度，就没有精神上的自尊。中石先生主编、撰写过许多重要的学术论著，如《书学导论》、《学书概览》、《书学杂识》、《中国的书法》、《书法教程》、《书法与中国文化》、《中国书法艺术》《文化漫谭》等，影响广泛，社会贡献显著，我祝愿中石先生永远健康与快乐。他已不仅仅是一个书法家，更是一面旗帜，一个象征，无论怎样，无以计数的学生会高高地将这面旗帜举过头顶，举下去。

从一个错字说起

白纸黑字是一份记忆,白纸铅字是一份喜悦,但若有一处不该的错处,便成了一根咽不下的刺,一遍遍读着北京晚报刚刚发表的《中石先生的石缘》,感悟着先生放得很大的照片透出的深深慈爱,体悟着字里行间的滴滴情感,冥想着先生说的话:大自然创造一个物种需要几百万年乃至更长的时间。

石头天生就在草里长着,许多人都喜欢石头,石头与石头的大小不同,形状各异,价值也不同,有的石头珍贵得不得了,有的石头很不简单,河北的娲皇宫的女娲补天的石头多么不简单,五彩石可以补天。石头自己与自己说话,自己与自己开玩笑。石头很值得人们玩味。

我在文章中说:坚硬是石头的灵魂。屋里有石头陪着,人们就可与石头息息相通;身边有石头陪着,人们才能够随心所梦不言自明。有的石头是价值连城,家有好石头就有了最符合个性的天堂。人与石头有着特殊的一种机缘,石头是人与自然接触最关键的趣味。正在陶醉的我,忽接西城文联主席张世俊的电话:"'方圆大小不相同,五彩斑斓没草业,莫道生成无用处,娲皇授予补天功'其中的'草业'是否弄错了?"

当然,是我的原稿就错了,"草业"应该是"草丛",这个"业"字像阳光下的坚冰发出咔嚓咔嚓的响声,意思完全就不对了。把原诗写错,该如何交代?一个错字是一篇文章之河上的油污,我是一名记者,摄像机就相当于我手中的武器,拿机器的时候,一定要调彩条，这是标准，接下来看声音，看看两个声道是不是完整，白平衡如果调不好，能正常的脸色就拍蓝了，环境再是蓝的，所有都是蓝的就变成了鬼脸，忘了一样就有可能耽误大事，如果拍完一场婚礼没声，一生都将是遗憾，这样的遗憾能重来吗？所有的劳动就指望镜头上的创意和稳定度将美好的瞬间变为永恒。我向先生请教关于"草业"的过错，中石先生没有说话，没有指责，没有批评，只是拿起笔，重写了这首诗，交与我。此刻，我在想，先生1948年中学毕业后在小学任教，1950年考入北京辅仁大学哲学系，1951年再转入北京大学哲学系逻辑专业，主修中国逻辑史，1954年毕业毕业后，先后任教于通县师范学校、通县二中、北京171中学，教授过语文、数学、历史、体育、化学等课程；在长期的教学实践中，对语文教学中长期存在的一些问题进行了积极深入的思考，凭借对中国语言文字特点独到而深刻的理解，提出的一套科学的语文教育改革方案被收入《北京市语文教学五十年》；北京师范学院是欧阳中石从事高等教育工作的起点，再次致力于逻辑学的研究和教学工作，不仅主编了中国逻辑语言函授大学语言的教科书《逻辑》，还参与主编了《中国逻辑思想史》和中家"七五"社科规划项目——五卷本的《中国逻辑史》。从1985年至今，一直从事书法教育与研究，以"书法与中国传统文化"（北京"九五"社科项目）为核心，构建了科学的书法学科理论体系，编著了《书法与中国文化》、《中国书法史鉴》、《中国的书法》和《名碑珍帖习赏》等专著，还主编了高等院校书法专业教材和师范院校书法教材。中石先生是市高校教师的一面旗帜，是市属高校中唯一一位获奖者，也是文化届的杰出代表。社会各界都在高度评价先生在弘扬中华民族优秀文化方面做出的巨大贡献以及在中国当代书法研究、教育和实践等方面取得的卓越成绩。他是中国书法文化研究院名誉院长,博士生导师,中国文史馆馆员、全国政协委员,我国著名的书法家、教育家。从教60余年,教遍了中国当前学校建制的各个年级,至今依然活跃在书法教学、科研、创作第一线,把毕生的精力奉献给了教书育人事业;首倡书学教育,1985年创立书法大专班,1993年创建了第一个书法艺术教育专业博士点;他积极推进中国书法艺术、书法文化的发展,其刚健隽雅的书法作品为世人所喜爱,数十件艺术精品为人民大会堂、中南海、毛主席纪念堂等数十个国家部门收藏,先后获得"首届中国书法兰亭奖·教育特别贡献奖""第二届中国书法兰亭奖·终身成就奖""第六届造型艺术奖""全国模范教师""北京市有突出贡献的专家""国家哲学社会科学项目基金资助优秀成果奖"享受国务院特殊津贴等荣誉称号。人品、学问、艺术修养等层面,先生在无言地诚恳地昭示着我,我拿着先生的字,看着先生的字,领悟着先生至上的追求,没有精神上的高度,就没有了精神上的自尊;让这份力量,左右我的文品。

陪中石先生送别马克郁

马克郁走了！中石先生和马克郁先生是北大校友，5月23日向遗体告别，中石先生说：无论多忙，都要去！我便驱车陪同去了。70岁的马克郁先生是中国艺术研究院的退休干部，戏曲研究所副研究员，中国民主同盟盟员，于5月14日在北京逝世。此时，正好赶上中石先生牙疼得很厉害；不知是因为三周来牙齿的剧痛带来的"悲伤"，还是因为马克郁先生的离去，看见中石先生的人都说他显得十分的疲惫不堪。我小心翼翼地心情低落地搀扶着中石先生踱步，被马克郁先生的夫人张怡和请到等候室，这也是我第一次见到大名鼎鼎的张怡和女士，当然，这也是我第一次见到马克郁，第一次与他相识竟是这般！

我和人们一样手中拿着一束鲜花。10点钟，随着主持薛若琳先生的宣布正式开始，八宝山殡仪馆第三告别室便没有了声音，我被那没有声音的氛围笼罩着。我清晰地记住了夫人张怡和的简短几句话："马克郁走得很幸福，他说他是无比幸福地走了，希望送别他的时候大家不要哭，因为他很幸福，所以，此刻不是告别而是送别。克郁说过，倘若，能有几个人能为我送别，我已经感到很快乐了。我没想到有这么多人来为他送别，我想，克郁要是知道了，他会更快乐，他一定已经知道了，谢谢大家，谢谢。"张怡和极度地按捺着，流着泪，却没有声音……张怡和最后说："好，请大家把手中的鲜花放到克郁的身上吧。"顷刻，迷人的花色，浓浓的花情与克郁先生坚定的身体一起种上了草坪，我在心中想问这位与我刚刚见面刚刚相识的马老："你知道为什么这么多人为你种花吗？"他像是在回答我："让它们长吧，我会与这种欢乐同返故里。"中石先生也这样回答我："让他随清风羽化，常到好梦中来。"是啊，花朵也有一双眼睛，这双目传情，铭刻在心灵深处的情意互通着互流着。这是告别室，我却看见

天空中的云层在伴随着花浪与马老的呼吸一同涌动，四面弥漫着特有的气息，挤满的人一层又一层，是送别不是告别，我知道所有在场的人都知道这个名字，都会记住这个名字，这是一个简短而悲伤的仪式，是一个家庭式的而不是国家级的葬礼，因为马克郁先生有这样的遗言：

　　我没有丰功伟绩，但一生正直清白。我很幸福，因为我把爱给了大家，大家也把爱给了我。我是个普通的人，我要平淡的走。不开追悼会，不搞告别式，也不留骨灰。原想给每个人写一封告别信，现已力不从心，我只能说一句：再见了，我爱你们。

　　世界就像一本书。不去旅行的人只能读到其中的一页；这场追悼仪式，没有去的人不会掀开这一章节，这是引起每个私人无比关注的事，就像自己的家，是完全私人的空间，是为最亲密的人准备的；冷冰冰的时间，暖融融的鲜花相互撞击着，那份沉重的生命记忆，我也相约着感情的脚步去体验了这种送

别的完整性和连续性，也让我看见：马克郁先生的生活以新的方式重新开始与恢复。一会儿，他的家人就要为这个躺着亲人的新的花坪松土了，那又是一个怎样绝妙的故事啊！人们，轻声地倾诉吧！我想，中石先生牙齿疼痛的阴影总会过去，但这份离别的阴影已经留置在心里。我敬重人世间的情感世界，也敬重刚刚结识的这位戏曲理论家的人生观，一切都灿若云霞，缘心者不朽！车行驶在东西长安街上，中石先生向我说了这样一番话："人生的死别是常有之事，难免之事，虽然是极度的悲哀，如果我们把它看作是一个人必然的归宿也应该平淡一些，不要完全沉浸在悲痛之中，活着的人还是要走自己应走的路。"

前几天，我在《中石访谈》截稿期间，精神矍铄，思路清晰的中石先生又谈起张怡和，她很了不起呀；我说记得，她是马克郁的夫人，我便再次想起，当年曾经陪中石先生到八宝山革命公墓送别马克郁的情境。当然，我该衷心的祝福她老人家的身体康健、长寿百年。

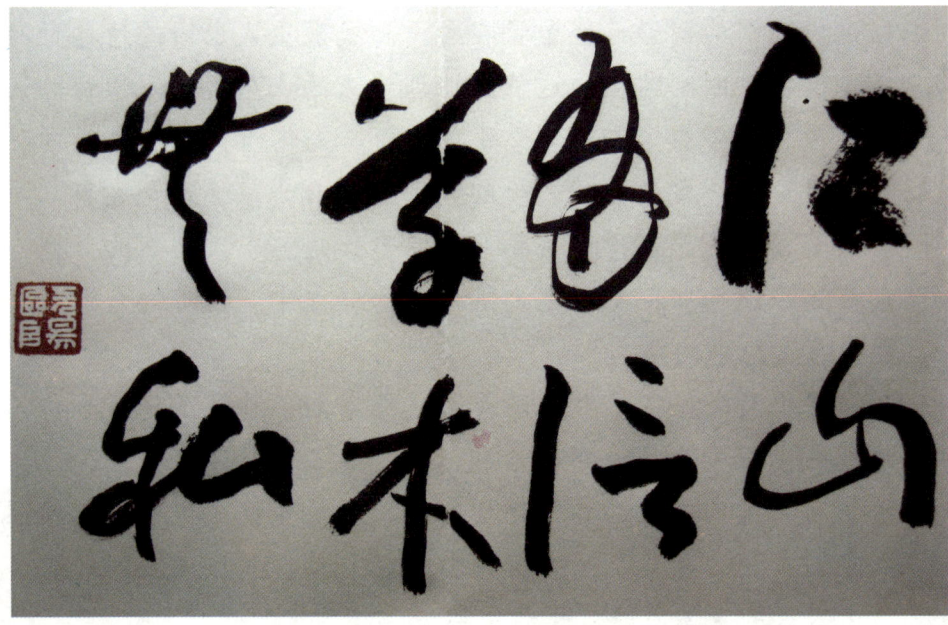

2010年为作者题赠

光能都是人挥手
弹指轻轻化大千

我知道先生在参观完北京十三陵蓄能电厂的水电发电机后,为十三陵蓄能电厂的上水库题写"天池",成为十三陵蓄能电厂的点睛之笔。"天池"象征着电能是上天赐予人类的能量,天的巨大。天池旁边的公园的亭子起名"纳源亭",容纳能源之意,并书写"承天积水,蓄力含光"的楹联。2010年3月,我随国家电网公司"光明颂"诗歌创作采风团到了西安与西宁,写了一首给电网人的诗:

1000千伏特高压
——给电网人

组塔,一步一步铺上去
组塔,一站一站亮上去
滋滋的声响是塔发出来的声音

我的心我的目光都在塔上
在酒杯型直线塔上
那就是酒
浓浓的一滴
就点亮了人生

滋滋的声响是塔发出来的声音

我的心我的目光都在塔上
在耐张换位塔上
那就是位置
在一丝一毫间
给世间传送光明
滋滋的声响是塔发出来的声音

我的心我的目光都在塔上
在分体式耐张塔上
那就是耐力
一根一根搭建
像建造一座昆仑
滋滋的声响是塔发出来的声音

我的心我的目光都在塔上
在门型耐张塔上
那就是心门
几何形的图像
就是我们的年轮
滋滋的声响是塔发出来的声音

我的心我的目光都在塔上
在千字型耐张塔上
那就是画笔
一幅一幅的画
写就了我们的青春
滋滋的声响是塔发出来的声音

我的心我的目光都在塔上
在猫头型直线塔上
那就是电网人
塔尖上的精灵
是我们闪光的灵魂
滋滋的声响是塔发出来的声音

组塔，一步一步的盖上去
组塔，一站一站的亮上去
滋滋的声响是塔发出来的声音

  诗写完后，我去讨教先生，先生说："说起来很惭愧，我对电几乎一窍不通，我对电的认识是既敬又畏。上小学的时候，使用手摇电影机触电的经历，幸亏当时先生站在绝缘的木板上才毫发无损，先生对电更加敬畏，上中学学物理知道了电的原理，才慢慢懂电。电出现了，把电摸透了，"明"的问题和"能"的问题就解决了，电是人类所接触到的一种现象。人类不但掌握了电，还可以使用电，让电这种天然不具备的能量，以人的意志为转移，这一点是多么的了不起。没有电之前家里照明用的是豆油灯，在一个碗里倒点豆油，用棉线捻个细捻，点着时，灯头如黄豆一般，光照范围小，光线暗，没法读书写字。1936年举家搬到山东泰安的家，两间屋子只有房梁上吊着的一盏电灯；而全县也只有一个电门，控制所有的电灯开关，天黑自动亮，半夜自动熄，这种自己不能控制的电灯给他的童年带来了许多便利：可以在灯下游戏、读书、练字。在中国古代典籍中，电是阴阳刚柔两种力量发生碰撞而产生的；电是人类仿自然界的能量创造出来的一种人工制造的能量，转化这种能量的人就是电力人。电是真正科学的产物，标志着人们控制和使用自然界的规律以达到新的境界；电是一种神秘的力量。电网人敢于奉献自己，在靠近危险的地方工作，通过辛勤的劳动为人们送去光明。大自然对人类的奉献并不是无限的。为了子孙后代我们要多想办法找到新能源。电是自然界给人类创造出的一种特殊的财富，应当好好珍惜。"先生从哲学的角度，给予电业人高度的评价，这番话也倾注了先生对我国电力事业的热切关注和对电业人的敬佩与赞赏。在他的笔下，多有咏电、颂电之句。

"人假天源光焕采，力随物理电随心"，电的神韵，人的风采，电和电业人的赞美之情，中石先生的一首《咏电》诗是这样写的：

雨雹风雷本自然，偏偏电母会人缘。
纵横错落调山水，不记高低理陌阡。
转瞬通明驰四海，抬头放眼入重天。
光能都是人挥手，弹指轻轻化大千。

逐字逐句的诠释中，感受到了中石先生对我国电力事业的殷殷期盼和崇高赞誉。中石先生曾得到过近代诗词大师顾随、张伯驹的教诲，对词、曲、联、绝句、律诗都感兴趣；写的诗，工稳，精到；兴之所至，信手拈来。

黄殿琴简历

1964年生于北京
毕业于北京师范大学中文系文艺学硕士研究生
现为北京电视台《7日7频道》制片人
正高职称

中国作家协会会员
北京市第十一届政协委员
西城区文联副主席
西城区作协副主席

已正式出版20余本书籍